A HISTÓRIA DA INTELIGÊNCIA ARTIFICIAL
para quem tem pressa

PETER J. BENTLEY

A HISTÓRIA DA INTELIGÊNCIA ARTIFICIAL
para quem tem pressa

Tradução
ANDRÉ GORDIRRO

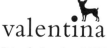

Rio de Janeiro, 2025
1ª edição

Copyright © 2024 *by* Peter J. Bentley

TÍTULO ORIGINAL
Artificial Intelligence in Byte-sized Chunks

CAPA
Sérgio Campante

Para criar as ilustrações de capa, o designer se inspirou, como na ilustração de capa original (ver página 2), no clássico de Philip K. Dick *Androides sonham com ovelhas elétricas?* Utilizando a ferramenta de IA Midjourney, inseriu inicialmente um prompt bem simples: uma ovelha elétrica/robótica. A partir dessa primeira imagem, seguiu testando variações sobre o prompt original pedindo diferentes estilos: pintura impressionista, anime japonês, cartoon da Pixar, HQ de Will Eisner...
e até mesmo uma pintada por Van Gogh.

ILUSTRAÇÕES
David Rojas Márquez

DIAGRAMAÇÃO
Fátima Affonso / FQuatro Diagramação

Impresso no Brasil
Printed in Brazil
2025

CIP-BRASIL. CATALOGAÇÃO NA PUBLICAÇÃO
SINDICATO NACIONAL DOS EDITORES DE LIVROS, RJ
MERI GLEICE RODRIGUES DE SOUZA - BIBLIOTECÁRIA - CRB-7/6439

B419h

Bentley, Peter J., 1972-
  A história da inteligência artificial para quem tem pressa: o nascimento de uma nova era em 200 páginas! / Peter J. Bentley; tradução André Gordirro. – 1. ed. – Rio de Janeiro: Valentina, 2025.
  200p. il.; 21 cm.

  Tradução de: Artificial intelligence in byte-sized chunks
  ISBN 978-65-88490-95-2

  1. Informática - História. 2. Computadores - História. 3. Inteligência artificial - História. I. Gordirro, André. II. Título.

25-96665

CDD: 006.309
CDU: 004.8(09)

Todos os livros da Editora Valentina estão em conformidade com
o novo Acordo Ortográfico da Língua Portuguesa.

Todos os direitos desta edição reservados à

EDITORA VALENTINA
Rua Santa Clara 50/1107 – Copacabana
Rio de Janeiro – 22041-012
Tel/Fax: (21) 3208-8777
www.editoravalentina.com.br

COLEÇÃO HISTÓRIA PARA QUEM TEM PRESSA

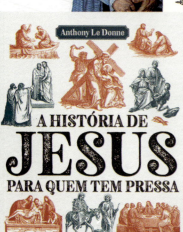

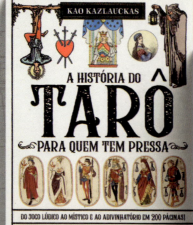

instagram.com/EdValentina
facebook.com/EditoraValentina
twitter.com/EdValentina

SUMÁRIO

Introdução 7

CAPÍTULO 000 ● 1950-1960 O Nascimento da Inteligência Artificial 11
Uma Nova Era 11 Cérebros Artificiais de Dois Neurônios 12
Cibernética 14 Alan Turing (1912-54) 14 Teste de Turing 17
Construtor Universal 17 Conferência de Dartmouth 20
Programação Dinâmica 20 Pensamento Lógico 21
IA com Bom Senso 24 Redes Neurais 26 IAs Perceptivas 29

CAPÍTULO 001 ● 1960-1970 Excesso de Otimismo 31
The Times They Are a-Changin' 31 IAs Especialistas 32 Vida em Marte 34 Compreensão da Linguagem Natural 36 Olha Quem Está Falando 40 Pensamento Lógico 43 Pensando com Neurônios 44
Aprendizado Mais Profundo 47 Caixas de Fósforos Pensantes 48
Começa o Frio 51

CAPÍTULO 010 ● 1970-1980 O Primeiro Inverno da Inteligência Artificial 54
O Nascimento da Era do Computador 54 Tempos Difíceis para a Inteligência Artificial 55 Outros Tipos de Inteligência 56 Um Começo Incerto 58 Inteligência em Evolução 60 A Vida, Mas Não Como a Conhecemos 64 Inteligência Incomum 66 Inteligência Audível 69 Você Foi Enquadrado 71 Aprendendo a Pensar 72

CAPÍTULO 011 ● 1980-1990 O Nascimento da Nova Inteligência 77
Take On Me 77 Salas Chinesas 78 Pensando com Neurônios 79
Pensamento Reforçado 81 Retropropagando 85
A IA Está de Volta à Ativa 88 A Explosão de IAs Especialistas 90
Uma Segunda Onda de Frio 92 Suposições Erradas 94

CAPÍTULO 100 ● **1990-2000 Uma Segunda Onda de Frio** 96
WWDábliu? 96 Elefantes Não Jogam Xadrez 97 Robôs Fofinhos 99 Computadores Criativos 101 Novas Formas de Vida 109 Inteligência de Bate-papo 111 Conexionismo 113 Máquinas de Vetores de Suporte 115 Corrida sem Cavalos 116

CAPÍTULO 101 ● **2000-2010 Pensamento Aprofundado** 118
Y2K 118 Como Você Está se Sentindo? 120 Direção Autônoma 123 Fazendo Cérebros 125 Inteligente de Modo Geral 127 O Nascimento do Aprendizado Profundo 128 Topologias em Evolução 131 Mais Dados Significam Dados Melhores 134 Dados Padronizados 135 Hardware Otimizado Significa Mais Velocidade 136 O Retorno da IA 139

CAPÍTULO 110 ● **2010-2020 A Explosão da Inteligência Artificial** 140
Sinal dos Tempos 140 Assistência Virtual 142 Ver para Crer 143 Auto-nomia 147 Vencendo o *Jeopardy!* 149 Jogatina Profunda 151 Cérebros por Toda Parte 158 IA Transformacional 161 IA para Todos 163 Ao Infinito e Além! 168

CAPÍTULO 111 ● **2020-? Nossos Filhos Digitais** 170
Pandemia 170 Hardware de IA 171 Maior Significa Melhor 172 Maior Significa Pior? 174 Tudo É Linguagem 177 Crescimento Incontrolável 182 Bem na Fita 188 Muita Coisa e Cedo Demais 192 IA para o Bem 195 Já Estamos Quase Lá? 198

LEITURA ADICIONAL 200

INTRODUÇÃO

Nós somos surpreendentes. Somos organismos vivos, personificados, concebidos por bilhões de anos de evolução para sermos capazes de sobreviver em ambientes complexos. Nosso cérebro, separadamente, é a estrutura mais complexa que conhecemos no universo. Nosso corpo também é surpreendentemente complexo, com bilhões de células executando danças coreografadas, conforme o que foi definido pelas minúsculas instruções moleculares dos nossos genes. E não estamos sozinhos. Todos os organismos vivos, grandes e pequenos, estiveram sujeitos às forças da evolução pelo mesmo tempo que nós. Todos eles são surpreendentemente inteligentes à sua maneira para sobreviver em seus respectivos nichos.

Os cérebros biológicos são tão avançados que nos intrigam. Como um conjunto de células úmidas, que de alguma forma disparam pequenos sinais elétricos entre si, consegue fazer algo tão indefinível quanto pensar? Como elas conseguem raciocinar? Ou planejar? Como tornam possível que andemos para lá e para cá? Como possibilitam que você leia essas palavras e as compreenda? O que está acontecendo agora dentro do seu crânio enquanto bilhões de neurônios pensam a respeito de si mesmos pensando?

Os cérebros também nos tentam. A inteligência é tão atraente. Amamos um animal de estimação inteligente que nos reconheça e interaja conosco. Ficamos maravilhados com um pássaro inteligente que consiga imitar qualquer som que ouve. Somos fascinados por qualquer tecnologia inteligente que de alguma forma aprenda a nosso respeito ou sobre o mundo e, em resposta, mude.

Talvez não surpreenda que nos empenhemos tanto para criar tecnologias tão inteligentes assim. Afinal, o que seria melhor do que um veículo autônomo que estaciona sozinho — ou até mesmo nos leva ao nosso destino? Ou uma casa inteligente que otimiza o ambiente interno para atender às nossas necessidades, ao mesmo tempo que minimiza os custos? Quem não gostaria de um sistema de segurança inteligente capaz de monitorar a nossa segurança e alertar automaticamente as autoridades se intrusos forem descobertos? Será que você recusaria um sistema de saúde inteligente que o monitorasse e ajudasse a descobrir quaisquer problemas médicos com antecedência suficiente para que pudessem ser curados?

Hoje existem tantas soluções tecnológicas inteligentes que nos ajudam em nossa vida cotidiana. Vivemos na era da ficção científica que se tornou realidade. Eu tenho uma lava-louças e uma máquina de lavar inteligentes que detectam os respectivos conteúdos e ajustam automaticamente o uso de água e os programas de limpeza para economizar energia. Tenho um aspirador robô que limpa o chão, e sou capaz de notar que ele não deixa escapar nenhum ponto, como eu talvez deixasse. (Mas não consegue limpar escadas.) Tenho um sistema de aquecimento inteligente que aquece apenas a área da casa onde estou e que ajusta a programação dependendo do tempo lá fora e também da temperatura interna. Tenho uma casa inteligente que detecta onde estou e, com base na hora do nascer e do pôr do sol, controla a iluminação automaticamente. Ela também sabe se eu me ausentei e é capaz de acionar o alarme e as câmeras externas, que detectam pessoas automaticamente e registram seus movimentos, podendo até detectar se alguma encomenda foi entregue e me alertar. Tenho uma smartTV, um celular, um carro, um relógio e vários outros dispositivos com os quais posso conversar. Eles detectam que sou eu pela minha voz e podem responder a perguntas ou encontrar um programa que eu gostaria de ver ou um produto que eu esteja procurando. A pessoa pode ter uma geladeira (ou uma cozinha inteira) inteligente que analise os mantimentos e sugira receitas automaticamente com base no que ela guarda e nas datas de validade — e encomende automaticamente mantimentos quando estão acabando. É possível ter um sistema de energia solar inteligente que alimente a casa e recarregue o carro nos momentos ideais, devolvendo a energia excedente à rede elétrica para os demais moradores usarem. (Ainda não tenho isso!) Tenho uma câmera inteligente que entende o que deve focar e processa a imagem para que fique com a melhor aparência possível. E já perdi a conta de quantos apps inteligentes eu possuo que são capazes de melhorar ainda mais as imagens ou inventar outras totalmente novas, compor música, identificar pessoas em fotos, escrever código-fonte e realizar uma centena de outras coisas. Como sou um cientista da computação, talvez eu veja algumas dessas tecnologias um pouco antes do que a maioria, mas tenha certeza de que, se você ainda não possui uma delas, provavelmente possuirá em breve.

Esta é apenas uma pequena fração da inteligência artificial (IA) hoje. De alguma forma, nosso fascínio pela inteligência (além de arrogância abundante) resultou em inúmeras maravilhas tecnológicas. E essas maravilhas estão cada vez melhores. Depois de décadas de luta, com muitas IAs que não faziam exatamente o que esperávamos, as tentativas recentes começaram a funcionar surpreendentemente bem. Quando uma empresa consegue passar de uma invenção a uma avaliação de um bilhão de dólares em dez meses, sabe-se que a IA não está apenas funcionando, como está deixando muitas pessoas bastante entusiasmadas. Mais ou menos a partir de 2015, grandes empresas no mundo inteiro investiram dezenas de bilhões de dólares para terem seus próprios sistemas de IA, na esperança de que isso lhes desse uma vantagem extra. A inteligência artificial atingiu a maioridade. Hoje funciona bem o suficiente a ponto de ser parte integrante de muitos produtos de uso diário.

Mas um mundo onde temos inteligência artificial operacional difundida em toda tecnologia também significa outra coisa: significa que nem sempre sabemos se uma imagem ou peça musical ou mesmo um trecho de texto foi escrito por um humano ou não. Tal indefinição da autoria criativa desafia as noções tradicionais de criatividade e autenticidade na era digital. E caso você tenha acabado de notar uma mudança de estilo, a frase anterior foi gerada por uma IA ao ser solicitada a adicionar às duas primeiras frases desse parágrafo. Se eu quisesse, poderia pedir à mesma IA que terminasse de escrever esta introdução. Ela também faria um bom serviço. Alimente a inteligência artificial com meus outros livros, e ela copiaria muito bem meu estilo de escrita. (Não posso porque há uma nova cláusula no meu contrato que diz que não posso usar uma IA para escrever este livro!)

Esse é o mundo em que vivemos agora. É um mundo onde a verdade e a ficção podem ser complicadas de distinguir. É um mundo onde nossos filhos podem pedir a uma IA que faça todos os deveres de casa por eles, sejam de matemática, ciências, inglês, história, arte ou música. Devemos aprender a lidar com a possibilidade de nossos próprios dados serem engolidos por uma inteligência artificial qualquer e incorporados a uma nova solução produzida por essa IA sem que sequer saibamos disso. E temos de lidar com o fato de que, por mais que todas essas tecnologias inteligentes estejam nos ajudando, elas também podem estar invadindo nossa privacidade, registrando todos os detalhes a respeito de nossa vida e utilizando esses dados para práticas que desconhecemos.

A IA na forma de tecnologia inteligente está aqui e provavelmente veio para ficar. Mas será que é realmente inteligente? Pode parecer que consegue compreender nossas palavras e dar respostas inteligentes e fundamentadas. Mas que tipo de inteligência esses diferentes tipos de IA possuem? Como eles realmente funcionam, afinal?

Neste livro explicarei a inteligência artificial (para quem tem pressa). Farei algumas revelações a respeito desses espertos pesquisadores que descobriram como fazer máquinas inanimadas parecerem inteligentes. Porém, o mais importante é que contarei a história da IA focando nas próprias IAs. Juntos, veremos o que cada IA pode fazer — e o que não pode. Descobriremos como elas funcionam e como décadas de melhorias levaram às inteligências artificiais extraordinariamente complexas que temos hoje. Não conseguiremos abordar todas as IAs, mas vou escolher alguns exemplos significativos e interessantes para mostrar como progredimos. E nas palavras de uma própria IA: "À medida que nos aprofundamos no passado, no presente e no futuro potencial da IA, descobriremos a dança complexa entre a engenhosidade humana e o reino em constante evolução da inteligência artificial."

Ou você prefere um final diferente para esta introdução? Experimente este escrito pela mesma IA:

"E não tema, caro leitor, pois esta jornada através do reino da inteligência artificial será tão esclarecedora quanto acessível, guiando-o através dos caminhos complexos das mentes artificiais com clareza e simplicidade."

Eu poderia ter me expressado melhor? Bem, quero acreditar que sim. Julgue por si mesmo!

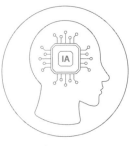

Capítulo 000

1950-1960
O Nascimento da Inteligência Artificial

Uma Nova Era

A Segunda Guerra Mundial levou devastação e um sofrimento horroroso a milhões de pessoas. Mas, como todas as guerras, agiu como um catalisador para um rápido avanço tecnológico. No final da década de 1940 e início da década de 1950, tivemos os primeiros computadores programáveis — embora fossem do tamanho de uma sala (e das grandes). Também tivemos uma quantidade enorme de componentes militares excedentes, que não eram mais necessários nos campos de batalha. Já não era mais necessário que os grandes pensadores daquela geração construíssem máquinas exóticas para calcular como decifrar mensagens inimigas ou como construir armamentos mais eficazes. Eles estavam livres para considerar questões mais básicas. E com a saúde mental de muitos soldados extremamente abalada pelas experiências na guerra — com o que ficou conhecido como transtorno de estresse pós-traumático (TEPT) —, havia inúmeros mistérios relacionados ao cérebro para psicólogos e neurobiólogos resolverem.

Assim, à medida que as vilas e cidades foram sendo reconstruídas ao redor deles, surgiu um novo ambiente de otimismo no pós-guerra, em que os pesquisadores começaram a pensar seriamente a respeito do cérebro e da inteligência. Não era um tema novo, e várias mentes brilhantes das últimas décadas haviam escrito bastante a respeito do assunto. Mas agora as coisas eram diferentes, pois a tecnologia da computação tinha sido inventada. Por intermédio do uso dessas novas máquinas de alta tecnologia, a engenhosidade desses talentosos cientistas, que havia sido posta à prova na guerra, com certeza poderia resolver o problema. Afinal, qual seria a complexidade real do cérebro?

Cérebros Artificiais de Dois Neurônios

O neurobiólogo William Grey Walter, baseado na Universidade de Bristol e pioneiro do eletroencefalógrafo (máquina EEG), foi um dos cientistas que tentou compreender a inteligência nesse ambiente novo e otimista. Após a experiência no estudo do cérebro humano usando o EEG, ele teve uma ideia. Em vez de apenas estudar cérebros, talvez se a pessoa conseguisse *fazer* um cérebro, seria possível entendê-lo melhor.

Grey Walter usou peças de despertadores antigos e materiais excedentes do exército britânico para construir duas tartarugas mecânicas, chamadas Elmer e Elsie: robôs autônomos movidos a bateria que usavam um sensor de luz giratório no topo para detectar luzes brilhantes e andar em direção a elas. Elmer e Elsie também tinham sensores de toque no corpo para que, caso encontrassem um obstáculo, se afastassem. Ele comparou os cérebros das tartarugas mecânicas a dois neurônios sensoriais: um para a luz e outro para o tato. Surpreendentemente, apesar de cérebros tão mínimos, descobriu que elas apresentavam comportamentos extraordinariamente complexos, que Elmer e Elsie "exploravam" aleatoriamente os ambientes e sabiam voltar às "tocas" para recarregar as baterias. Grey Walter adicionou uma luz ao nariz de um deles, que se desligava quando o sensor de luz recebia sinal suficiente, e colocou o robô diante de um espelho para que pudesse ver a própria luz. O robô se sacudiu todo e acendeu a luz como se estivesse animado ao se ver. Isso deixou o cientista fascinado, que escreveu: "A criatura, portanto, permanece diante de um espelho, tremeluzindo, piando e dançando como um Narciso desajeitado. O comportamento de uma criatura envolvida de tal forma com o próprio reflexo é bastante específico e, em uma base puramente empírica, se fosse observado em um animal, poderia ser aceito como prova de algum grau de autoconsciência."

Elmer e Elsie
(Robôs Eletromecânicos, Sensíveis à Luz)
Final da década de 1940

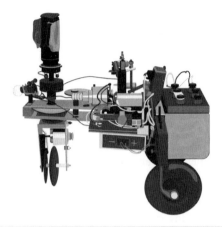

Visão Geral: Tartarugas mecânicas que se moviam em direção à luz e se afastavam de obstáculos

Pontos Fortes: Robôs autônomos pioneiros com o equivalente a um cérebro de dois neurônios

Pontos Fracos: Atraídos pelas pernas das mulheres

Questões Éticas: Nenhuma

Desenvolvedor: William Grey Walter

Aquele não foi o único comportamento realista demonstrado por Elmer e Elsie. Aparentemente, eles também tinham uma forte atração por pernas de mulheres. As meias de náilon da década de 1940 refletiam a luz na medida certa, a ponto de torná-las irresistíveis para os robôs.

Grey Walter continuou os experimentos por alguns anos e posteriormente criou um robô-tartaruga mais avançado, chamado Cora (de "Análogo ao Reflexo Condicionado", em inglês), que foi projetado para aprender a associar um apito a uma luz, inspirado nos experimentos de Ivan Pavlov com cães treinados para salivar ao som de um sino. Embora Cora tenha começado a vida como um robô parecido com Elmer e Elsie, Grey Walter acabou realizando uma "cirurgia" e removeu os circuitos de aprendizagem específicos para que pudesse estudar essa parte do cérebro eletrônico isoladamente.

Cibernética

Quando não estava montando estranhos animais mecânicos ou usando EEG para estudar o cérebro humano, Grey Walter também frequentava regularmente o Ratio Club. Era um clube privado informal, frequentado por neurobiólogos, matemáticos, físicos, psicólogos e engenheiros de destaque. O nome Ratio foi criado devido ao significado em latim: lógica, razão, discernimento. Forma a raiz de palavras, como racional, ratificar, razão. O clube foi fundado por John Bates, um neurologista que provavelmente se inspirou no livro então recentemente escrito pelo matemático e filósofo americano Norbert Wiener, *Cibernética ou Controle e Comunicação no Animal e na Máquina*. Os vinte e um integrantes logo se tornaram conhecidos como o núcleo do movimento cibernético britânico. Todos eram elementos de destaque em suas respectivas áreas e fizeram descobertas expressivas durante a carreira.

A cibernética foi o primeiro estudo formal da inteligência ao considerar o *loop* cibernético — a ideia de que um animal ou uma máquina exibe comportamento porque os sensores detectam algo que afeta o controlador. O controlador executa uma ação em resposta, que então resulta num efeito em algum sistema externo: o ambiente. A seguir, a alteração é detectada pelos sensores, que afetam o controlador, e assim por diante, em um efeito circular, ou *loop*. A cibernética foi a primeira tentativa de compreender a inteligência desta maneira, e aqueles como Grey Walter, que tentaram construir sistemas cibernéticos, estavam criando as primeiras inteligências artificiais eletrônicas.

Alan Turing (1912-54)

Entre os integrantes do Ratio Club estava um matemático genial, que tinha acabado de ajudar a decodificar mensagens criptografadas alemãs durante a Segunda Guerra Mundial em Bletchley Park. Na década de 1950, Alan Turing já era bem-sucedido em sua área. Foi o primeiro a definir uma noção matemática do que eram os computadores. Turing também provou que eles sempre teriam algumas limitações — por exemplo, um computador nem sempre consegue descobrir se o programa vai parar ou não. Por causa

CAPÍTULO 000: 1950-1960 O NASCIMENTO DA INTELIGÊNCIA ARTIFICIAL   15

Turochamp
(combinação dos sobrenomes Turing e Champernowne)
1948

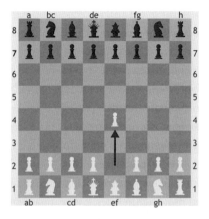

Visão Geral: Programa de computador antigo para jogar xadrez

Pontos Fortes: Um dos primeiros programas capaz de jogar uma partida simples de xadrez

Pontos Fracos: Complexo demais para ser executado em computadores da época

Questões Éticas: Nenhuma

Desenvolvedores: Alan Turing e David Champernowne

disso descobrimos que certos problemas não são computáveis — simplesmente não podem ser calculados por um computador. Turing ajudou a projetar e programar alguns dos primeiros computadores do mundo. Ele e o colega David Champernowne, um estatístico econômico que o auxiliou no fornecimento de dados vitais a Churchill durante a guerra, também escreveram um dos primeiros programas de IA para jogar xadrez, chamado Turochamp.

Além de ser uma IA, o Turochamp é geralmente considerado um dos primeiros jogos de computador a ser desenvolvido. Mas tinha um defeito fatal: era complexo demais para ser executado por qualquer computador da época. Embora em 1952 o Turochamp tenha "jogado" uma partida completa de xadrez com o cientista da computação Alick Glennie (o inventor do Autocode, o primeiro compilador da história, que transforma linguagem de computador legível por humanos em código de máquina nativo executado pelo processador), foi necessário que Turing executasse o papel do computador e calculasse à mão a execução do programa, demorando cerca de trinta minutos por movimento.

O Turochamp trabalhava registrando o tabuleiro de xadrez vigente e aceitando os movimentos do oponente como entrada (input). A seguir, consideraria todos os movimentos que poderia fazer em resposta, seguidos por todas as respostas que o oponente poderia fazer, seguidos por qualquer movimento significativo que pudesse ser feito, como a captura de uma peça que valesse menos do que a peça que a capturou. O Turochamp atribuía pontuações a cada movimento possível e depois usava um algoritmo minimax* para decidir qual movimento fazer. Esta é uma heurística clássica de IA (regra empírica) que diz que se a pessoa é capaz de atribuir pontos aos próprios movimentos e aos movimentos do oponente, e antever alguns movimentos, então ela deveria escolher os movimentos que resultam na melhor pontuação para si, a fim de *maximizar* as chances de ganhar enquanto *minimiza* as chances de o oponente vencer. (Um ano depois, em 1949, outro pioneiro da computação chamado Claude Shannon construiu uma máquina impressionante cheia de relés que era capaz de jogar finais de xadrez com até seis peças, e também usou o algoritmo minimax; em 1959, o cientista da computação Arthur Samuel usou ideias semelhantes em sua IA que jogava damas.)

Em 1952, a chamada "máquina de papel" Turochamp perdeu para Glennie em vinte e nove movimentos. Exatamente sessenta anos depois, esse jogo foi analisado enquanto o programa estava sendo recriado para um evento de aniversário (a Conferência do Centenário de Alan Turing). Os pesquisadores ficaram surpresos ao descobrir que Turing provavelmente havia trapaceado no jogo original, não jogando movimentos sugeridos pelo programa quando pareciam abaixo do ideal. Quando o programa recriado jogou uma partida de

---

* Na teoria de jogos, minimax é uma estratégia que minimiza o maior risco para um participante, visando minimizar a perda esperada. Para isso, o jogador assume que a decisão do adversário será desfavorável. Ou seja, o pior cenário é esperado antes do movimento do adversário. (N.T.)

xadrez contra o campeão mundial Garry Kasparov em 2012, o Turochamp perdeu em dezesseis movimentos. Decepcionante talvez, mas dado o processo de pensamento extremamente limitado do programa, que só antevia alguns movimentos, essa IA inicial se saiu muito bem. Mesmo sem Turing para dar uma mãozinha.

Teste de Turing

Alan Turing acreditava muito no que os computadores poderiam realizar no futuro. Ele previu que as pessoas "falariam de máquinas pensantes" até o final do século. Também acreditava que até lá seríamos capazes de programar computadores de forma que, ao conversar com eles, não seríamos capazes de dizer se eram humanos ou máquinas. Turing afirmou que "um interrogador mediano não terá mais do que 70% de chance de identificar corretamente após cinco minutos de questionamento". Chamou isso de Jogo da Imitação (que também se tornou o título de um filme biográfico em 2014). Hoje nos referimos a isso como Teste de Turing.

Turing morreu com apenas 41 anos. Mas sua obra, e especificamente o Teste de Turing, se tornaram extremamente influentes e têm provocado debates calorosos desde então. Milhares de pesquisadores de IA foram inspirados pelo teste, que parecia quase um desafio: se a pessoa for capaz de criar uma inteligência artificial que converse de maneira tão realista quanto um humano, então talvez tenha feito uma máquina que pensa. Esses "chatbots", como acabaram conhecidos, se tornaram um foco importante para muitos pesquisadores de IA nos anos que se seguiram. O Teste de Turing também virou um tópico um pouco irritante para outros.

Construtor Universal

No que acabou sendo uma de suas últimas obras, publicada em 1952, Turing reconheceu que há mais de um tipo de inteligência. Ele investigou a morfogênese, ou como nos desenvolvemos em organismos complexos a partir de uma única célula. Esse processo inteligente de alguma forma controla nossas células, pois elas agem como pequenos computadores que executam programas genéticos complexos escritos em nosso DNA. Turing mostrou como algumas equações inteligentes, que imitam a maneira como produtos químicos reagem uns com os outros, são capazes de espontaneamente formar padrões.

Nos EUA, havia muitos pioneiros importantes da computação que também estavam pensando a respeito da inteligência. Talvez o mais famoso de todos seja o gênio matemático John von Neumann, que ajudou a criar os primeiros computadores programáveis do mundo e escreveu um relatório muitíssimo influente a respeito disso. Como resultado, dizia-se que todos os computadores subsequentes seguiam a arquitetura "Von Neumann".

Assim como Turing, no final da década de 1940 Von Neumann direcionou a mente para novas formas de comportamento inteligente. Enquanto

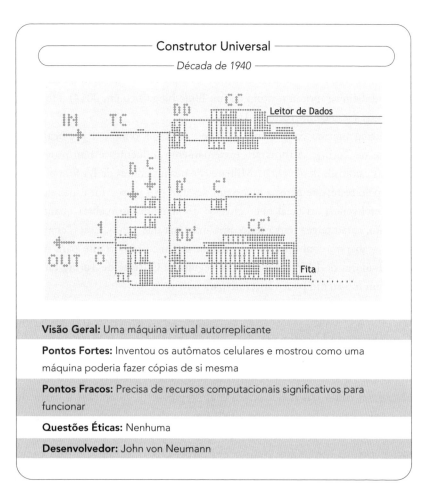

Construtor Universal
Década de 1940

Visão Geral: Uma máquina virtual autorreplicante

Pontos Fortes: Inventou os autômatos celulares e mostrou como uma máquina poderia fazer cópias de si mesma

Pontos Fracos: Precisa de recursos computacionais significativos para funcionar

Questões Éticas: Nenhuma

Desenvolvedor: John von Neumann

Turing percebeu que o desenvolvimento biológico usava um tipo próprio de sagacidade, Von Neumann olhou para um estágio ainda mais antigo na biologia: como a vida faz cópias de si mesma? Ele considerou uma ideia que ainda hoje continua sendo ficção científica: imagine se tivéssemos uma máquina inteligente que pudesse construir a si mesma. Não apenas isso — e se essa máquina autorreplicante pudesse ficar mais complexa, como os sistemas vivos? Será que ela então evoluiria, formando espécies e vida complexa? Esse tipo de sagacidade seria uma tecnologia inteligente diferente de tudo que já vimos.

Von Neumann não conseguiu construir a tal máquina, pois não havia (e ainda não há) nenhuma tecnologia física existente que nos permitisse atingir esse objetivo. Em 1949, os primeiros computadores também eram simples demais para executar uma simulação da ideia dele. Assim sendo, como a inteligência artificial de xadrez de Turing, Von Neumann teve que projetar a máquina "construtora universal" no papel. Foi uma obra de engenharia impressionante. Von Neumann primeiro criou a ideia de um autômato celular — uma grade de "células" onde cada uma poderia assumir um de vinte e nove estados, e o estado de cada célula depende do estado das células vizinhas. O projeto foi extremamente inteligente, pois a máquina autorreplicante usaria uma sequência de instruções para fazer uma nova cópia e, em seguida, copiaria essas instruções na nova máquina para que ela pudesse fazer uma cópia de si mesma, e assim por diante. Isso talvez tenha sido inspirado pela descoberta recente de que o DNA pudesse ser responsável por transportar informações genéticas necessárias para definir organismos vivos. Mas precedeu a descoberta da estrutura do DNA por Watson e Crick (e Rosalind Franklin) por vários anos — Von Neumann estava à frente de seu tempo. O lampejo de ideia foi importante: ao separar as instruções da máquina como nosso DNA é separado da célula, tais instruções poderiam então sofrer mutação e evoluir, resultando na construção de uma vida cada vez mais complexa. Von Neumann não conseguiu concluir esse trabalho antes de morrer, mas décadas depois os cientistas continuaram trabalhando na ideia. Foi somente no século seguinte que os cientistas da computação conseguiram demonstrar os planos de Von Neumann funcionando em um computador moderno.

Conferência de Dartmouth

Para a maioria dos pesquisadores, o conceito de máquinas se autoconstruindo e crescendo como organismos vivos era incompreensível (e ainda é até hoje, pois é algo que o ser humano não está apto a compreender, ou seja, algo não compreensível). Mas... e o conceito de computadores que pudessem pensar como pessoas? Isso era algo que eles poderiam agarrar com unhas e dentes.

O início da década de 1950 se tornou o auge desse campo sem nome. Alguns o chamavam de cibernética. Outros preferiam processamento de informações ou teoria dos autômatos. Contudo, em 1955, um grupo de cientistas americanos pioneiros propôs a primeira conferência onde todos deveriam se reunir para discutir esse campo emergente de pesquisa. Ela aconteceria no Dartmouth College, em Hanover, New Hampshire. Na proposta, os cientistas chamaram o campo de *Inteligência Artificial*.

A conferência ocorreu em 1956 e consistiu em oito semanas de palestras e discussões entre muitos dos principais pioneiros da época. O evento formou o catalisador para o campo da inteligência artificial e lançou as bases para muitas das principais ideias que dominariam o campo nas décadas seguintes. Foi uma época de grande entusiasmo e otimismo, com muitas novas IAs sendo criadas que seguiam princípios diferentes.

Programação Dinâmica

Inteligência pode significar muitas coisas. Uma definição de inteligência é a capacidade de encontrar boas soluções para problemas. Se a pessoa for inteligente, poderá descobrir a resposta para um problema complicado. Cientistas da computação e matemáticos tendem a ser um pouco literais a respeito das coisas, então quando falam a respeito de *encontrar*, a intenção é realmente essa. Eles pedem ao computador para pesquisar um espaço virtual que compreende todas as soluções possíveis para o problema e localizar a melhor solução, como encontrar um tesouro enterrado em uma paisagem enorme e complexa. Nos últimos anos, algoritmos de busca e otimização se tornariam partes cada vez mais importantes da inteligência artificial, pois deram aos computadores a capacidade de encontrar boas soluções para problemas difíceis (otimização também pode ser considerada busca). Mas já na década de 1950 o matemático Richard Bellman inventou um método que se tornou o pilar de inúmeras IAs e linguagens de programação do futuro. Ele o chamou de programação dinâmica. Em resumo, é um truque para resolver um problema difícil por meio da divisão desse problema em partes menores e, em seguida, da redução do número de vezes que essas partes precisam ser calculadas.

Imagine que queremos que um computador gere a sequência de Fibonacci: 0, 1, 1, 2, 3, 5, 8, 13, 21, 34... onde cada número é feito pela adição dos dois números anteriores.

Uma abordagem ingênua seria usar uma função recursiva* que se chama a cada vez para calcular como os números anteriores foram construídos. Assim sendo, para calcular o número depois de 34, a função recursiva precisa saber os dois números anteriores, mas para saber esses, ela precisa saber os números anteriores àqueles, e assim por diante, até voltar ao zero. A função recursiva vai recalculando tudo do início, para cada novo número.

Um método que usa programação dinâmica entende que esse problema tem blocos de construção que são reutilizados. Depois de calcular alguns números, podemos apenas lembrá-los como os dois últimos, que usamos para calcular o próximo. O número atual e o número anterior são armazenados como os dois últimos, que podemos usar para calcular o próximo, e assim por diante.

É apenas um truque simples, mas métodos de programação dinâmica permitem que computadores encontrem soluções para problemas de forma muitíssimo mais eficiente, levando muito menos tempo na busca. Desde então, a programação dinâmica tem sido usada em software inteligente para tudo, de bioinformática até economia.

Pensamento Lógico

A programação dinâmica não foi a única ideia a ser inventada nessa era. Na década de 1950, uma das ideias mais atraentes era baseada em lógica e raciocínio. Desde os primórdios, alguns matemáticos e cientistas da computação preferiram essa abordagem em relação à inteligência artificial, pois achavam que uma mente artificial lógica seria mais previsível e tornaria possível provar o que a IA poderia ou não fazer.

---

* Em computação, as funções recursivas são aquelas que apresentam chamadas (diretas ou indiretas) a si mesmas. Elas podem ser usadas para processar uma determinada operação e geralmente há condições internas para que as recursividades sejam aplicadas. (N.T.)

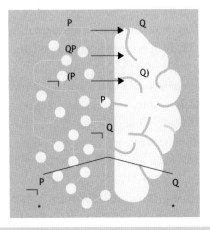

Visão Geral: Primeiro programa que conseguiu provar teoremas tão bem quanto um matemático

Pontos Fortes: Teve um grande impacto na IA e na psicologia cognitiva, estabeleceu a IA simbólica

Pontos Fracos: Estava limitado ao domínio da lógica

Questões Éticas: Nenhuma

Desenvolvedores: Allen Newell, Herbert A. Simon e John Clifford Shaw

O Logic Theorist foi um dos métodos demonstrados na Conferência de Dartmouth, embora tenha sido recebido com indiferença na época. Havia sido concebido no ano anterior por Allen Newell, um cientista da computação americano, e Herbert Simon, um cientista político que mais tarde ganharia o Prêmio Nobel pela teoria da racionalidade limitada (a ideia de que pessoas racionais normalmente tomam decisões satisfatórias, mas essas decisões nem sempre são as melhores escolhas possíveis). O programador "Cliff" Shaw foi convidado a desenvolver o programa.

O Logic Theorist se baseou na ideia de usar a busca para encontrar soluções para problemas — neste caso, encontrar uma prova válida que levasse de uma hipótese lógica a uma proposição. Um exemplo simples pode ser a hipótese de que se chover o asfalto fica molhado, e se o asfalto estiver molhado, fica escorregadio. Se dissermos que hoje está chovendo, podemos deduzir que o asfalto ficará escorregadio. É possível representar ideias e matemática muito complexas em várias formas de lógica e, portanto, ter um provador automático de teoremas foi visto como bastante revolucionário.

Esse programa de IA funcionava usando três truques inteligentes que rapidamente se tornaram fundamentais para a IA e a ciência da computação como um todo. Primeiro, semelhante à programação dinâmica, o Logic Theorist se baseava na ideia de que a *busca* poderia ser usada para encontrar a prova certa em um enorme cenário de alternativas. Ele considerou o cenário como uma árvore: a hipótese era a raiz, de onde cresciam inúmeros galhos diferentes, cada um sendo uma possível declaração lógica dedutível da hipótese. Como a proposição estava em algum lugar na árvore gigante, o Logic Theorist tinha que procurar nela para encontrá-la. O problema era que quanto mais complexa a hipótese, mais gigantesca a árvore se tornava. Na verdade, ela crescia exponencialmente, o que significava que não havia como realizar uma busca meticulosa — até mesmo um computador levaria muito tempo. Em vez de dividir o problema em etapas menores, como a programação dinâmica faria, a segunda inovação compreendeu "regras práticas" que Newell e Simon chamaram de "heurísticas". Como um cirurgião de árvores, as regras práticas podariam quaisquer galhos da árvore que parecessem doentes, deixando uma árvore muito menor para pesquisar. Para fazer tudo funcionar, a terceira inovação da dupla foi uma nova linguagem especial de computador baseada no processamento de listas de símbolos.

A lógica estava no cerne dessa IA, que teve um excelente desempenho, provando trinta e oito dos primeiros cinquenta e dois teoremas no capítulo 2 do famoso livro de matemática fundamental *Principia Mathematica*, de Alfred Whitehead e Bertrand Russell. Uma das provas da IA era mais compacta e elegante do que a original no livro, e Russell reagiu "com alegria" quando a prova foi apresentada por Simon. Em pouco tempo, muitas pessoas ficaram bem animadas com essa IA. Embora funcionasse no domínio da lógica, foi construída para resolver problemas como um humano. De maneira importante, ela permitia que conceitos fossem representados por símbolos e, assim sendo, a IA era capaz de raciocinar a respeito do mundo usando esses símbolos. (Por exemplo, "se estiver Chovendo e não estiver Ventando, então usarei um Guarda-chuva" pode se tornar G -> C ∧ ~V.) Os pesquisadores ficaram tão animados que começaram a fazer previsões um tanto, digamos, grandiosas. Herbert Simon afirmou na época (1958): "Não é meu objetivo surpreender ou chocar vocês — mas a maneira mais simples de resumir é dizer que agora há no mundo máquinas que podem pensar, que podem aprender e que podem criar. Além disso, a capacidade de fazer essas coisas vai aumentar rapidamente até que, em um futuro visível, a gama de problemas que elas podem lidar será correspondente à gama à qual a mente humana tem sido aplicada."

A partir dessas ideias, e talvez inspirado por alguns desses empolgados comentários, o processamento simbólico se tornou um dos pilares da IA e teve um grande impacto nos cientistas cognitivos por décadas. Dois anos depois, a mesma equipe estendeu o trabalho para criar outra IA mais geral, que eles chamaram de General Problem Solver (GPS). Essa agora seria capaz de executar planejamento simples, por exemplo, jogar jogos simples.

IA com Bom Senso

John McCarthy era um jovem professor assistente em 1955 quando se juntou a outros pesquisadores para propor a Conferência de Dartmouth. Em 1958, mudou-se para o Instituto de Tecnologia de Massachusetts (MIT) como pesquisador e estava realizando pesquisas de IA na área de processamento de listas, em uma linha bem semelhante ao trabalho de Newell e Simon. McCarthy avançou ainda mais ao criar uma linguagem de processamento de listas mais útil, que ficou conhecida como LISP. Essa linguagem permitiu que os programadores processassem listas de símbolos com computadores muito mais facilmente e seria usada por décadas em pesquisas subsequentes de IA.

Uma das primeiras demonstrações de McCarthy do uso do processamento de listas ocorreu na IA que ele concebeu com o seu colega Marvin Minsky: Advice Taker. Descrita em 1959, a ideia de McCarthy era de que a IA fosse capaz de processar símbolos e manipular a linguagem como se operasse usando o "bom senso". Ele confrontou essa capacidade com a abordagem adotada no Logic Theorist, que usava heurística escondida dentro da IA e seguia regras predefinidas para manipular a lógica. No Advice Taker, todos os comportamentos seriam definidos na própria linguagem de processamento de listas. Ele receberia novas informações que seriam armazenadas como listas cuidadosamente formatadas de símbolos e, então, seria capaz de deduzir novos fatos e consequências com base no conhecimento que havia adquirido. Ao descrever a obra, McCarthy escreveu: "Nosso objetivo final é fazer programas que aprendam com suas experiências de maneira tão efetiva quanto os humanos."

Ele também descreveu como queria que a IA operasse: mais como um humano do que como uma máquina. Programamos computadores usando frases imperativas precisas: faça isso, faça aquilo. McCarthy e Minsky estavam imaginando uma IA na qual a pessoa descreve a situação e fornece uma instrução mais simples a respeito do que é exigido.

O Advice Taker nunca foi construído, mas a visão de McCarthy de como poderíamos fazer solicitações às IAs acabou se tornando realidade cerca de sessenta anos depois, com o advento dos Grandes Modelos de Linguagem (capítulo 111).

Advice Taker
1958

1. atd.desk) — can (go (desk,car,walking))
2. at(1,car) - can(go (home, airport. driving))
3. did(go(deskcar,walkmg)) — at(I, car)
4. did(go (home,airport,driving)) -* at(I, airport)
5. canachult (atd.desk), go (desk, car, walking) , at(1.car))
6. canachult(at(1, car), go(home, airport,driving) , at(1, airport))
7. canachult(at(1, desk), program!'go (desk, car,walking), go (home, airport, driving)), - at (I,airport))
8. do(go (desk, car, walking))

Visão Geral: Usou lógica e processamento de listas para representar informações e raciocinar com bom senso

Pontos Fortes: Foi pioneiro na ideia de uma IA que construísse uma base de conhecimento de informações que usasse para raciocinar

Pontos Fracos: Nunca foi realmente implementado em um computador

Questões Éticas: Nenhuma

Desenvolvedores: John McCarthy e Marvin Minsky

Redes Neurais

Um tipo bem diferente de ideia foi criado pelo neurofisiologista Warren McCulloch e pelo lógico Walter Pitts usando lógica (embora fosse "cálculo lógico"), em 1943. Na obra, eles descreveram uma noção matemática de um neurônio. Ainda que extremamente simples em comparação aos neurônios da nossa cabeça, ele possuía complexidade suficiente para fazer algumas coisas interessantes. McCulloch e Pitts descreveram um neurônio como uma soma ponderada de entradas, que passavam por uma "função de transição" para produzir uma saída (output). Eles o chamaram de *perceptron*.

Pense em um perceptron como um grande túnel rodoviário sob um rio. Existem várias estradas que convergem na entrada do túnel, e em cada uma há limites de velocidade que lentificam ou aceleram o tráfego. Há também um semáforo na outra extremidade do túnel. Se está verde, permite que o tráfego flua bem para o destino, se está vermelho... O semáforo é controlado por uma função de transição, que basicamente diz que se o tráfego estiver fluindo para o túnel bem o suficiente, ligue o semáforo verde; caso contrário, mantenha-o no vermelho. É possível imaginar que há vários cenários: se todas as estradas de entrada tiverem limites de velocidade que restrinjam os fluxos, a soma de todo o tráfego será baixa ou zero, e o semáforo permanecerá vermelho. Se fizermos uma estrada não ter limite e ela puder fluir com velocidade, o semáforo pode mudar para verde. Se mudarmos constantemente os limites de velocidade, o semáforo mudará de vermelho para verde dependendo da soma total do tráfego fluindo. É assim que o perceptron funciona. As entradas (estradas) têm pesos (limites de velocidade). A saída do neurônio (estrada de saída) está ligada ou desligada (o semáforo está verde ou vermelho) dependendo de uma função da soma das entradas ponderadas (tráfego total fluindo). A intenção é imitar um neurônio biológico, que tem múltiplas entradas (dendritos), porém uma saída (axônio). Ele dispara sinais elétricos para fora do axônio dependendo dos sinais que chegam pelos dendritos.

Um perceptron sozinho pode até não parecer muito interessante, contudo, ao usar um bando de perceptrons juntos o resultado é um tipo diferente de IA. Marvin Minsky era outro dos jovens cientistas que organizaram a proposta para a Conferência de Dartmouth. Mas antes de Minsky chegar à fama como um dos pais da inteligência artificial, ele começou a carreira como um estudante de pós-graduação criando um projeto interessante.

CAPÍTULO 000: 1950-1960 O NASCIMENTO DA INTELIGÊNCIA ARTIFICIAL

Em 1951, fazia uma pós em matemática na Universidade de Princeton, EUA. Minsky se interessou por neurônios depois de ler a respeito de perceptrons e também o livro *The Organization of Behavior*,* do neuropsicólogo Donald Hebb, e escreveu uma carta ao psicólogo americano George Armitage Miller (considerado um dos fundadores da ciência cognitiva, ou o estudo do comportamento inteligente). Miller obteve um financiamento, e Minsky e Dean Edmonds, um talentoso estudante de pós-graduação em física também em Princeton, começaram a trabalhar. O objetivo deles era construir uma rede de neurônios artificiais, usando tubos de vácuo. Era uma máquina extremamente incomum, composta por quarenta neurônios (ou, mais corretamente, sinapses de Hebb) conectados entre si. Cada neurônio usava um capacitor para armazenar brevemente eletricidade e agir como uma memória de curto prazo — quer o neurônio estivesse ativo ou não. A rede usava um potenciômetro (como o controle giratório de volume em um aparelho de som) para se comportar como memória de longo prazo — os pesos nas entradas. Quando recebiam a tarefa de aprender a percorrer um labirinto, os neurônios se ajustavam para que as configurações do potenciômetro armazenassem informações, da mesma forma que os pesos dos neurônios se ajustam em redes neurais hoje para aprender dados, como veremos mais à frente. Os quarenta controles de volume diferentes eram ajustados por essa própria máquina bizarra usando motores elétricos, uma corrente mecânica (muito parecida com uma corrente de bicicleta) e uma embreagem de um bombardeiro B-24.

Em 1952, eles demonstraram o SNARC saindo de um labirinto, com um rato virtual correndo aleatoriamente, realizando escolhas melhores que eram lentamente reforçadas pelo ajuste dos pesos dos neurônios. Isso seguia o "aprendizado hebbiano", que afirma que se os neurônios estão simultaneamente ativos e associados a algum evento, então eles devem ter uma conexão mais forte entre si; um princípio muito citado como "células que se ativam juntas permanecem juntas".** O SNARC fez o rato correr até aprender com sucesso a chegar a uma saída. Devido a alguns bugs, eles também perceberam que às vezes havia vários ratos virtuais correndo, que

---

* "A organização do comportamento." (N.T.)
** A frase original "cells that fire together, wire together" é uma rima composta pela neurobióloga Carla Shatz, que parafraseou o princípio de Hebb de uma maneira mais simples. (N.T.)

influenciavam uns aos outros enquanto tentavam escapar. Tudo isso era mantido na mente da máquina SNARC de quarenta neurônios e visualizado usando matrizes de pequenas lâmpadas, que acendiam para mostrar a localização dos ratos.

Essa foi a primeira tentativa conhecida de criar uma rede neural artificial de autoaprendizagem e, embora a ideia fosse se tornar motivo de debates calorosos nos anos seguintes, em parte por causa do próprio Minsky, a tecnologia de rede neural se tornaria extremamente popular para IAs.

IAs Perceptivas

O SNARC de Minsky foi a primeira rede neural inspirada pelo perceptron. Mas a primeira IA Perceptron foi implementada em 1957, dentro de um software em um IBM 704 (o primeiro computador mainframe* digital produzido em massa). E em 1958, a máquina Mark 1 Perceptron foi montada pelo psicólogo americano Frank Rosenblatt e sua equipe.

Era uma máquina notável, montada em Cornell e financiada pelo Departamento de Pesquisa Naval dos EUA. Ela foi projetada para executar reconhecimento de imagem, com uma matriz de vinte por vinte fotocélulas como entrada, conectada aos neurônios da "unidade de associação" que tinham pesos fixos, conectados a oito neurônios de saída ou "resposta", e cada um desses oito neurônios tinha pesos codificados com potenciômetros como o SNARC. Ao invés da abordagem complexa de corrente e embreagem do SNARC, cada potenciômetro era conectado diretamente a um motor elétrico que podia girar os controles de volume independentemente. Assim sendo, os neurônios de saída podiam classificar imagens: a combinação de quais neurônios estavam ligados e quais estavam desligados era usada para descrever que tipo de imagem estava sendo vista na entrada. A rede neural podia ser treinada mostrando uma entrada a ela e ajustando os pesos dos neurônios (potenciômetros) até que a saída desejada fosse produzida pelos neurônios de saída. Esse aprendizado era realizado automaticamente pela máquina, com vários tipos de padrões visuais usados para treinamento (como distinguir as letras E e X, ou losangos e quadrados) projetados nos fotossensores como padrões de pontos usando um projetor de slides. As imagens eram apresentadas várias vezes durante o treinamento, e eram transformadas movendo, girando ou alterando o tamanho do "estímulo", para que diferentes neurônios tivessem a chance de "confrontar/ter contato" e aprender o padrão. Uma vez treinada, a rede neural podia ver uma imagem e classificá-la corretamente: isto é um quadrado, não um losango.

Assim como Simon, Rosenblatt não tinha medo de falar com a mídia. Em 1958, mais ou menos na mesma época em que Simon fazia afirmações grandiosas a respeito do Logic Theorist, Rosenblatt deu citações muitíssimo

---

* Um mainframe é um computador de alto desempenho usado para fins de computação em grande escala que exige mais disponibilidade e segurança do que uma máquina de menor escala pode oferecer. (N.T.)

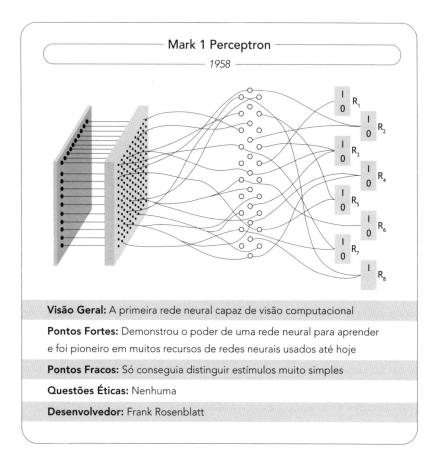

Visão Geral: A primeira rede neural capaz de visão computacional

Pontos Fortes: Demonstrou o poder de uma rede neural para aprender e foi pioneiro em muitos recursos de redes neurais usados até hoje

Pontos Fracos: Só conseguia distinguir estímulos muito simples

Questões Éticas: Nenhuma

Desenvolvedor: Frank Rosenblatt

interessantes ao *New York Times*, que então escreveu: "A Marinha revelou hoje o embrião de um computador eletrônico que ela espera ser capaz de andar, falar, ver, escrever, se reproduzir e ter consciência de sua existência. Mais tarde, foi previsto que os perceptrons serão capazes de reconhecer pessoas, chamá-las pelos nomes e traduzir instantaneamente a fala."

A comunidade científica — especialmente Minsky — não achou graça. Os pesquisadores acharam essa óbvia propaganda não apenas desagradável, mas completamente antiprofissional. Contudo, mesmo assim, a publicidade teve um efeito — novos pesquisadores começaram a trabalhar em redes neurais pra valer. Agora, o campo da inteligência artificial tinha dois cavalos liderando a corrida: as IAs lógicas "simbolistas" e as IAs de rede neural "conectivas".

CAPÍTULO 001

1960-1970
Excesso de Otimismo

THE TIMES THEY ARE A-CHANGIN'*

A década de 1960 foi um período de mudanças para o mundo. As memórias de guerra estavam sendo superadas por uma nova geração de jovens do pós--guerra que queriam algo diferente das preocupações de seus pais. Cresceram movimentos defendendo novos direitos civis: a legalização do aborto, sexo e o fim da discriminação racial. Cresceu uma contracultura de cores psicodélicas, paz e rock'n'roll. Os tempos estavam mudando, e os cientistas não estavam imunes à mudança do modo de pensar. Entrevistas filmadas e artigos de jornal começaram a apresentar pesquisadores de IA e suas invenções incríveis. E as previsões desses cientistas — muitos já bem estabelecidos e proeminentes em seus campos — se tornaram cada vez menos plausíveis:

> "Estou convencido de que as máquinas podem e vão pensar durante a nossa existência."
>
> *Oliver Selfridge, 1961*

---

* Citação da canção de Bob Dylan que dá nome ao seu álbum de 1964, lançada com a intenção de ser um hino para a juventude dos anos 1960 que passava por intensas transformações; daí o nome "os tempos estão mudando". (N.T.)

"Tenho a confiança de que dentro de dez ou quinze anos algo surgirá do laboratório que não estará muito longe dos famosos robôs da ficção científica."

Claude Shannon, 1961

"As máquinas serão capazes, dentro de vinte anos, de fazer qualquer trabalho que um homem possa fazer."

Herbert Simon, 1965

"Dentro de uma geração, eu estou convencido de que poucos compartimentos do intelecto permanecerão fora da capacidade da máquina — o problema de criar 'inteligência artificial' será resolvido de maneira considerável."

Marvin Minsky, 1967

Em retrospecto, agora nós sabemos que tais visões eram extremamente otimistas. Mas em meio ao agito dos anos 1960, esses cientistas estavam vendo computadores realizarem feitos de inteligência que pareciam quase inacreditáveis, mesmo para eles. Foi uma época de avanços, de ficção se tornando realidade. Os cientistas estavam tão empolgados, tão encantados com a euforia do momento... e não seriam os últimos a vivenciar esse sentimento.

IAs Especialistas

Mais ou menos na mesma época em que McCarthy propôs o Advice Taker, um jovem chamado James Slagle recebeu um prêmio de 500 dólares (hoje equivalente a mais de seis mil dólares) do Presidente Eisenhower pelo excelente trabalho como aluno cego — ele havia tirado a nota mais alta da universidade. Slagle foi para o MIT fazer um doutorado sob a supervisão de Marvin Minsky, que, junto com McCarthy, iniciou o que viria a se tornar o Laboratório de Ciência da Computação e IA do MIT. (Em 1963, McCarthy mudou de instituição e fundou o Laboratório de Inteligência Artificial de Stanford, o SAIL.) O doutorado de Slagle expandiu as ideias vistas no Logic Theorist e no Advice Taker. Ele programou uma IA que resolvia problemas de integração simbólica. Quando terminou o trabalho, em 1961, sua inteligência artificial chamada SAINT (de "integrador automático simbólico") acertou

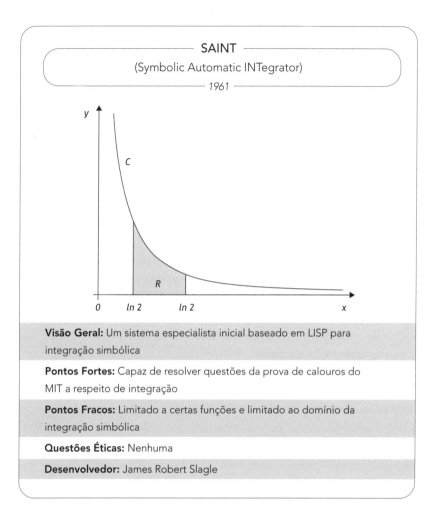

cinquenta e duas das cinquenta e quatro questões da prova dos calouros do MIT a respeito do tópico. Uma conquista notável para um aluno cego quando o computador IBM 7090 que ele usava ainda era uma máquina enorme (do tamanho de uma sala) e precisava de cartões perfurados para ser programado — na verdade, a IA de Slagle usava cartões perfurados especialmente formatados como entrada e imprimia a resposta em papel.

Integração simbólica é um tipo de cálculo. E o tipo complicado, onde é preciso transformar uma função matemática em outra para encontrar a antiderivada, ou integral, dessa função. No cálculo diferencial, uma derivada se refere à taxa de mudança de alguma coisa. Segundo a derivada de uma função, é possível descobrir a taxa de mudança para essa função. A integral é o oposto — ela pega a derivada e dá a função original (muitas vezes visualizada como a área sob o gráfico). É complicado porque há muitas regras para lembrar, então perguntas a respeito de integração ainda são normais para estudantes de matemática até hoje.

A inteligência artificial SAINT foi programada na nova linguagem de McCarthy, LISP. Ele combinou muitas das ideias da época, incorporou conhecimento na forma de heurísticas e algoritmos personalizados para transformar funções apropriadamente, e podou "árvores de objetivos" para reduzir a complexidade do problema para o computador enquanto a máquina trabalhava na tarefa. Embora muito do conhecimento específico da área estivesse misturado aos algoritmos para resolver o problema, a SAINT é considerada por alguns como o primeiro *sistema especialista* de IA. Era uma IA que sabia muito a respeito de um assunto específico e, quando lhe faziam uma pergunta (qual é a integral disto ou daquilo), era capaz de consultar o conhecimento interno, seguir algumas heurísticas e fornecer uma resposta correta.

Vida em Marte

Os sistemas especialistas logo se tornariam a nova menina dos olhos da inteligência artificial. Dendral, um dos primeiros e mais bem-sucedidos sistemas especialistas legítimos, foi desenvolvido em 1965 por um grupo de cientistas muito talentosos e a equipe deles na Universidade de Stanford. Joshua Lederberg era um famoso biólogo molecular que acabara de ganhar o Prêmio Nobel em 1958 por ter descoberto que bactérias podiam sofrer mutações e trocar genes entre si. No início da década de 1960, ele começou a trabalhar com o químico Carl Djerassi — também famoso na área dele, pois havia ajudado a criar o primeiro contraceptivo oral. Joshua era fascinado por computadores e se perguntava se eles poderiam ajudar a sugerir novos compostos químicos que pudessem ser compostos orgânicos alternativos aos vistos na Terra. Mais especificamente, dada uma análise de espectrometria de massa de uma amostra, será que o computador poderia fazer engenharia reversa do resultado e sugerir a composição química da amostra? Havia uma aplicação muito prática e inteligentíssima. Lederberg tinha um contrato com a NASA com o objetivo

Dendral
(Algoritmo de Célula Dendrítica)
1961

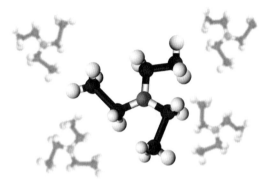

Visão Geral: Um dos primeiros sistemas especialistas baseado em LISP feito para sugerir novos compostos químicos

Pontos Fortes: Uma forma revolucionária para os computadores fornecerem conhecimento e assistência de nível especializado em um tópico específico

Pontos Fracos: Não era fácil de configurar — foram necessários anos de trabalho de muitos especialistas e programadores

Questões Éticas: Nenhuma

Principais Desenvolvedores: Joshua Lederberg, Carl Djerassi, Edward Feigenbaum, Georgia L. Sutherland e Bruce Buchanan

de criar uma tecnologia que compreendesse as amostras coletadas por um futuro robô de exploração em Marte. Se o robô pudesse coletar amostras, analisá-las com um espectrômetro de massa e enviar o resultado de volta à Terra, será que seria possível deduzir se a amostra continha compostos orgânicos? Seria possível detectar vida em Marte?

Lederberg e Djerassi recrutaram os programadores Edward Feigenbaum, Georgia L. Sutherland e Bruce Buchanan para ajudar no projeto. Juntos (e seus assistentes de pesquisa e alunos de pós-graduação), programaram a primeira versão do Dendral (Algoritmo de Célula Dendrítica) em LISP. O Dendral criaria gráficos correspondentes a possíveis compostos químicos que correspondessem ao espectro de massa desejado e eliminaria estruturas quimicamente implausíveis usando heurística. O Heuristic-Dendral levou a versões posteriores, como o Meta-Dendral e o CONGEN, que podiam planejar, gerar e testar gráficos químicos que satisfaziam um conjunto de restrições, utilizando uma base de conhecimento interna de informações químicas e gráficas. O Dendral e seus vários descendentes continuaram em uso na década de 1970 e no início da década de 1980, com novos sistemas especialistas, como o MYCIN (que identificava infecções bacterianas e recomendava antibióticos apropriados), o MOLGEN (que ajudava a planejar experimentos de laboratório em genética molecular), o PROSPECTOR (que auxiliava geólogos na exploração mineral para o Serviço Geológico dos Estados Unidos*), o XCON (um configurador especialista para sistemas de computador) e o STEAMER (que ajudava a avaliar novas tecnologias de IA para sistemas de treinamento); todos criados a partir desse início.

Compreensão da Linguagem Natural

Robert K. Lindsay foi um dos cientistas da computação a trabalhar no Dendral nos últimos anos. Em 1961, tinha um interesse um pouco diferente: usar computadores para compreender o inglês escrito. O processamento de linguagem natural (PLN), como ficou conhecido, era uma nova maneira de abordar a inteligência artificial. Cientistas e engenheiros já haviam tentado realizar tradução automática há alguns anos, com sucesso limitado, buscando codificar todas as traduções possíveis em um conjunto de regras; algo que não era possível de realizar muito bem com as memórias e o processamento limitados dos computadores nas décadas de 1950 e 1960. Lindsay teve outra ideia. A inteligência artificial criada por ele, batizada de SAD (diagramador de sentença), aceitava uma versão simplificada da língua inglesa, conhecida como inglês básico, projetada para aprender inglês como língua estrangeira. Frases simples em inglês foram fornecidas como entrada, e Lindsay usou a linguagem de processamento de listas IPL (usada no Logic Theorist por Simon e

---

* Instituição científica multidisciplinar fundada nos EUA em 1879 que estuda topografia, recursos naturais e desastres naturais. (N.T.)

Newell, que eram seus mentores) para armazenar informações derivadas das frases, usando conhecimento de vocabulário, expressões idiomáticas, datas e lugares que haviam sido embutidos na IA para formar um mapa sintático. Isso seria então analisado pela segunda parte da IA, chamada SAM (analisador semântico). O SAM se concentrava em relacionamentos familiares e construía árvores genealógicas com base na entrada em inglês para o SAD. Assim sendo, se o SAD recebesse uma frase como:

```
James teve dois filhos, um menino chamado Harry e uma
menina chamada Susan. Susan era casada e não tinha filhos.
Harry tinha filhos, chamados Tom e Dick. James era casado
com Edna. O pai dele se chamava John.
```

O SAM produziria a árvore genealógica mais ou menos assim:

```
            John - ?
               |
           James - Edna
            /      \
      Harry - ?    Susan - ?
       /   \
     Tom   Dick
```

Era uma novidade: uma inteligência artificial capaz de construir um modelo de um tópico (a árvore genealógica) a partir de nada além de frases em inglês. Até mesmo as primeiras IAs de Grandes Modelos de Linguagem criadas no início dos anos 2020 tiveram dificuldades para executar essa tarefa tão bem quanto essa antiga IA. Mais tarde, Lindsay deu início a um dos primeiros cursos de pós-graduação em inteligência artificial, na Universidade do Texas, em Austin. Ele dedicou toda a carreira à busca de "compreender a compreensão", como ele mesmo disse.

Enquanto isso, no Grupo de IA de Marvin Minsky no MIT, o aluno Daniel Bobrow estava começando a pesquisa de doutorado. Foi uma ótima ocasião para fazer parte do MIT, afinal uma polpuda bolsa de dois milhões de

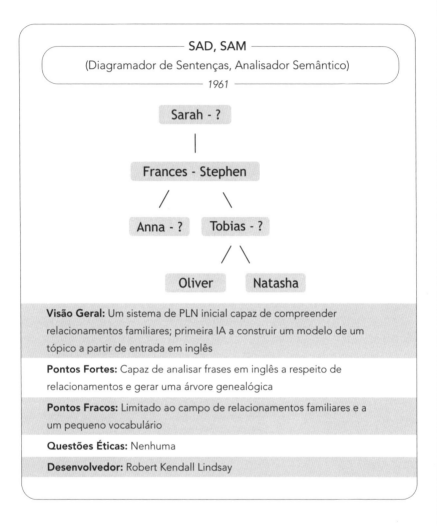

dólares tinha sido concedida pela Agência de Projetos de Pesquisa Avançada de Defesa dos EUA (DARPA, em inglês) para o Projeto MAC — pesquisa em matemática e computação. O fundo estava sob a direção de "Johnny Appleseed", J.C.R. Licklider — o mesmo visionário que financiaria o trabalho em interfaces gráficas de usuário e a ARPANET, que mais tarde se tornaria a Internet. O Grupo de AI foi incorporado ao Projeto MAC e se beneficiou imensamente do financiamento.

Bobrow foi outro aluno de doutorado de Minsky, e outro a criar uma IA usando LISP. Inspirado pelo trabalho de Lindsay, ele também decidiu abordar o processamento de linguagem natural. Mas Bobrow queria ir além de um computador que apenas construísse um modelo interno. Será que um computador poderia entender uma frase em inglês bem o suficiente a ponto de dar uma resposta a uma pergunta? Bobrow decidiu se concentrar em problemas de álgebra com uma história por trás. É o tipo de coisa que um professor de matemática na escola pergunta a um aluno (e este é um exemplo real da tese de Bobrow): "Se o número de clientes que Tom possui é o dobro do quadrado de 20% do número de anúncios que ele veicula, e o número de anúncios que ele veicula é 45, qual é o número de clientes que Tom possui?

STUDENT
1964

MAIS	P1 MAIS P2	(MAIS, P1*, P2*)
MENOS	P1 MENOS P2	(MAIS, P1*,(MENOS, P2*))
	MENOS P2	(MENOS P2*)
DIV POR	P1 DIV POR P2	(QUOCIENTE P1* P2*)

Visão Geral: Um sistema de PLN inicial capaz de responder problemas de álgebra com uma história por trás

Pontos Fortes: Capaz de analisar frases em inglês a respeito de matemática e gerar a resposta numérica correta

Pontos Fracos: Limitado ao campo de problemas de álgebra com uma história por trás e a um vocabulário básico

Questões Éticas: Nenhuma

Desenvolvedor: Daniel Bobrow

A inteligência artificial STUDENT de Bobrow usava o conhecimento interno de linguagem e matemática e substituía palavras por equações até que pudesse realizar o cálculo desejado, gerando a resposta como um número:

```
(AS EQUAÇÕES A SEREM RESOLVIDAS SÃO)
(IGUAL A X00001 (NÚMERO DE CLIENTES QUE TOM (TEM / VERBO)) )
(IGUAL A (NÚMERO DE ANÚNCIOS (ELE / PRO) VEICULA) 45 )
(IGUAL A (NÚMERO DE CLIENTES QUE TOM (TEM / VERBO) ) (VEZES 2
(EXPT (VEZES .2000 (NÚMERO DE ANÚNCIOS (ELE / PRO) VEICULA)) 2)))
(O NÚMERO DE CLIENTES QUE TOM TEM É 162)
```

Bobrow concluiu o doutorado a respeito do tópico em 1964. Depois, criou o próprio departamento de inteligência artificial na empresa de pesquisa e desenvolvimento derivada do MIT, BBN, e foi pioneiro em muitos avanços no campo. Ele nunca deixou de amar a linguagem, sempre gostou de jogos de palavras e trocadilhos.

Olha Quem Está Falando

Tive uma consulta com uma nova terapeuta. A coisa não correu muito bem.

```
> Olá, sou Eliza. Eu atenderei você hoje.
* Estou me sentindo feliz hoje
> Há quanto tempo você está se sentindo feliz hoje?
* O dia todo!
> OK... "Estou me sentindo feliz hoje". Conte-me mais.
* Seu tom pareceu sarcástico
> Entendo. Vamos tentar outro tópico e voltaremos a esse assunto mais tarde.
* Bem, agora não estou me sentindo tão feliz
> Você gosta de não estar se sentindo tão feliz?
* Hã... na verdade, não!
```

> Acho que não compreendi.
* Você é uma terapeuta qualificada?
> Você preferiria que eu não fosse uma terapeuta qualificada?

Não sei se eu voltarei. Mas essa terapeuta se chamava ELIZA, criada em 1966, e a conversa não é tão ruim para um dos primeiros chatterbots (ou chatbots*). Ela não passaria no Teste de Turing — está bem claro que não é humana. Eliza é inteligente, pois consegue responder com algumas frases prontas, como "por que você acha isso?" ou "essa é uma resposta interessante" ou "conte-me mais", quando não tem outra resposta adequada para a entrada que fornecemos. Mas para aqueles que realizam um Teste de Turing, os desvios constantes logo evidenciam que a conversa está acontecendo com uma máquina, não com um ser pensante.

O chatbot ELIZA foi criado por Joseph Weizenbaum, um cientista da computação e colega (às vezes insubordinado) de Minsky no MIT, em 1966. Weizenbaum nasceu de pais judeus em Berlim e emigrou para os EUA em 1936. Depois de trabalhar em vários computadores antigos e ajudar a criar o primeiro sistema de computador a ler fontes codificadas magneticamente na parte inferior de folhas de cheques, assumiu um cargo no MIT em 1964. Weizenbaum decidiu que daria outro rumo ao trabalho de processamento de linguagem natural ao criar um programa projetado para dar a ilusão de conversar conosco, mas sem a intenção de tentar fazer o computador entender nossas palavras. Ele criou propositalmente um programa que conseguisse aprender novos "roteiros" para que pudesse adicioná-los ao vocabulário e criar novas respostas, tudo controlado por um conjunto simples de heurística, implementado usando a própria linguagem de processamento de listas de Weizenbaum. Por imitar um "psicólogo rogeriano", foi chamado de DOCTOR. Para a surpresa de Weizenbaum, o programa provocou reações inesperadas naqueles que o usaram. As pessoas conversavam com o DOCTOR como se ele fosse humano. Compartilhavam segredos e problemas. Elas gostavam da experiência. "O que eu não tinha percebido é que exposições extremamente curtas a um programa de computador relativamente simples poderiam induzir um poderoso pensamento fantasioso em pessoas bastante normais", escreveu.

---

* Em tradução literal, "robô de bate-papo". (N. T.)

De fato, o ELIZA em pouco tempo estava sendo considerado o futuro da psicologia ou a solução geral para o problema da compreensão da linguagem natural por computadores. Weizenbaum ficou chocado. Ele tentou esclarecer que nenhuma solução geral era possível, pois a compreensão da linguagem depende de estruturas contextuais compartilhadas. Por exemplo, como nós dois já provamos maçãs antes, conseguimos nos entender se falarmos a respeito de uma maçã. Um computador não pode provar uma maçã. Weizenbaum argumentou que, como até mesmo as pessoas podem não compartilhar essas estruturas perfeitamente, então também não somos exemplos de uma solução geral: se eu já provei jaca e você não, nossa comunicação a respeito da

ELIZA (DOCTOR)

1966

Visão Geral: O primeiro chatbot

Pontos Fortes: Capaz de gerar a ilusão simples de uma conversa ao desempenhar o papel de um psicólogo

Pontos Fracos: Projetado para ser uma paródia de comunicação e não tinha um modelo interno para compreensão de frases

Questões Éticas: Os usuários achavam que as conversas com Eliza deveriam ser privadas e indisponíveis para o desenvolvedor

Desenvolvedor: Joseph Weizenbaum

fruta pode ser mais difícil, pois temos menos compreensão compartilhada. Como os computadores quase não têm a experiência de mundo que nós temos, então esperar que conversem conosco e tenham qualquer forma de compreensão é uma ingenuidade. Embora as pessoas possam ter se enganado que ELIZA era uma "pessoa" com quem poderiam compartilhar seus pensamentos, aquilo era puro antropomorfismo. A máquina foi projetada para ser uma paródia de conversa!

Pensamento Lógico

Apesar das dúvidas crescentes de Weizenbaum, o trabalho em inteligência artificial continuou com um foco intenso no uso de lógica simbólica e processamento de listas. Thomas Evans foi outro aluno de doutorado do MIT a tentar criar uma IA. Em 1964, ele estava exibindo o ANALOGY — outra IA baseada em LISP orientada por heurística que podia pegar formas geométricas como entrada (definidas por suas coordenadas), descobrir quais formas estavam dentro umas das outras, elaborar um conjunto de regras a partir dessas relações e aplicá-las a uma nova forma, sendo capaz de resolver problemas geométricos, como os usados em testes de QI: C está para o quê como A está para B?

Parecia não haver fim para os sucessos dessa inteligência artificial baseada em lógica simbólica. Em 1968, mais uma IA foi criada por outro aluno de Minsky. O MACSYMA (Project MAC's SYmbolic Manipulator, ou Manipulador Simbólico do Projeto MAC) pegou as ideias do Logic Theorist e as levou adiante. Joel Moses não apenas baseou o doutorado no tema, como também ajudou a levar o programa aos clientes. O MACSYMA acabou sendo capaz de executar uma enorme variedade de operações matemáticas, da integração à relatividade geral. Ele foi desenvolvido no MIT até 1982 e depois comercializado por meio de licenciamento para uma empresa de software chamada Symbolics (famosa por ter registrado o primeiro endereço pontocom do mundo: symbolics.com). Em 1999, o MACSYMA foi lançado sob a licença GNU* e até hoje continua em manutenção por entusiastas.

---

* Série de licenças de software livre amplamente utilizadas, que garantem aos usuários finais a liberdade para executar, estudar, compartilhar e modificar o programa. (N.T.)

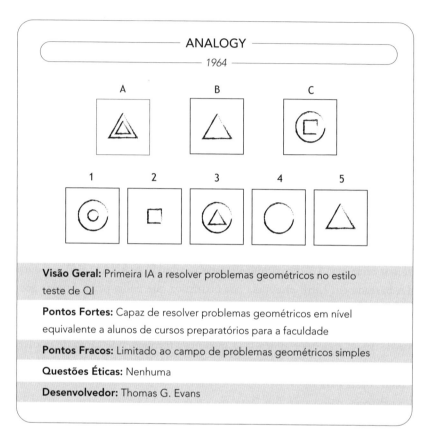

Pensando com Neurônios

Mas a lógica simbólica não era a única maneira de fazer uma IA. A pesquisa envolvendo redes neurais também continuou inabalável na década de 1960. O Perceptron de Rosenblatt inspirou o ADALINE de Bernard Widrow, professor de engenharia elétrica em Stanford, e Ted Hoff, doutorando de Widrow. O ADALINE funcionava de forma semelhante ao Perceptron, com entradas ponderadas sendo somadas e passadas por uma função de transição simples para gerar uma saída. Ele também tinha o conceito de um viés — mais ou menos como uma estrada a mais, com uma quantidade grande e permanente de tráfego e um limite próprio de velocidade que convergia para todas as outras estradas, usando nossa analogia anterior. Isso significa que a saída agora era a soma das entradas ponderadas mais uma constante (o viés), passada pela função de transição. As redes neurais modernas também usam o conceito de um viés exatamente dessa maneira — os pesos das entradas normais determinam a rapidez com que o neurônio disparará, enquanto o viés pode controlar o limite no qual o neurônio dispara.

O ADALINE foi criado com componentes eletrônicos chamados memoristores,* que, como o nome sugere, eram capazes de lembrar seus estados — uma característica útil para armazenar os valores dos pesos dos neurônios. Ele também era importante porque se valia de uma maneira de atualizar automaticamente os pesos das entradas a fim de minimizar o erro na saída.

O ADALINE usava um método que agora chamamos de gradiente descendente estocástico — um método muito popular usado em aprendizado de máquina atualmente. Na otimização, desejamos encontrar o valor ideal para uma função matemática, por exemplo: $f(x) = x^*x$ é menor quando $x = 0$. Este algoritmo de otimização simples testa aleatoriamente uma função (como tentar valores aleatórios para x) para descobrir a inclinação (a função fica menor à medida que x fica menor), depois segue a inclinação para baixo (o tamanho dos passos sendo definido pela "taxa de aprendizado") até encontrar o ponto mais baixo, ou mínimo. Esse é o valor ideal e, para redes neurais, isso significa que é o valor para todos os pesos, de modo que o erro entre a saída do neurônio e a saída desejada seja zero. (O gradiente descendente é a versão não aleatória do mesmo algoritmo — quando se consegue descobrir o gradiente da função diretamente, não é necessário fazer uma amostragem aleatória.)

O ADALINE foi capaz de aprender padrões simples de entrada usando um banco 4x4 de interruptores de alternância, como distinguir entre as letras T e J. O MADALINE foi criado alguns anos depois e usou os mesmos neurônios, mas em três camadas: entrada, "oculto" e saída, da mesma forma que uma rede neural moderna. Ele usou regras de aprendizado diferentes para cada camada, mas uma foi posteriormente considerada equivalente à retropropagação — que mais tarde se tornaria uma noção fundamental em redes neurais.

Widrow continuou pesquisando engenharia elétrica em Stanford por décadas. Ted Hoff seguiria um caminho diferente; ingressou na Intel em 1968

---

* Um memoristor (do inglês "memory resistor" ou resistor com memória) é um componente eletrônico passivo de dois terminais que mantém uma função não linear entre corrente e tensão. (N.T.)

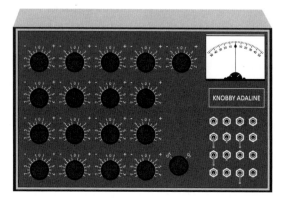

Visão Geral: Rede neural inicial implementada com memoristores

Pontos Fortes: Introduziu os conceitos de viés e gradiente descendente estocástico

Pontos Fracos: Só é capaz de aprender padrões linearmente separáveis simples

Questões Éticas: Nenhuma

Desenvolvedores: Bernard Widrow e Marcian "Ted" Hoff

como o décimo segundo funcionário na função de "gerente de pesquisa de aplicativos". Hoff logo sugeriu uma nova maneira de montar computadores — em vez de criá-los a partir de vários circuitos diferentes, todos conectados juntos, ele sugeriu que um "processador universal" poderia ser feito como uma unidade singular. Este foi o início do microprocessador — a primeira integração em larga escala de transistores em um chip, que levou a uma revolução subsequente nos computadores nas décadas seguintes e à criação do nosso mundo tecnológico moderno.

Aprendizado Mais Profundo

Um único perceptron (ou uma rede de perceptron de camada única) é basicamente quando conectamos a entrada diretamente a um lado da rede, e a saída é o que sai do outro lado. Então, se estamos ensinando a rede neural a reconhecer letras, colocaríamos valores de pixel de uns e zeros nas entradas e olharíamos para a saída do neurônio para "ver o que ele pensou". Mas como perceptrons como esse estão apenas limitando a soma de entradas ponderadas (mais aquele viés), então eles são limitados no que podem distinguir. Acontece que os perceptrons só conseguem distinguir entradas linearmente separáveis. Isso significa que se a pessoa fosse representar graficamente as entradas como um conjunto de pontos, a rede neural só consegue fazer o equivalente a desenhar uma linha reta para separá-las em classes diferentes. Se as entradas forem mais complicadas e uma linha reta não puder separá-las, então essa rede neural simples não consegue aprender a distinguir ou classificar os dados corretamente.

Os pesquisadores perceberam tal limitação logo no início. A solução? Tornar as redes neurais *mais profundas*. Em vez de uma única camada com entrada e saída conectadas ao(s) mesmo(s) neurônio(s), usar perceptrons multicamadas (MLPs) onde as entradas são alimentadas em uma camada de entrada de neurônios, enquanto as saídas *deles* alimentam uma "camada oculta", e suas saídas alimentam uma camada de saída, com essas saídas sendo então usadas para ver o que a rede pensa que é a resposta. Cada neurônio (ou "nó") é conectado a cada neurônio na camada seguinte, com cada conexão tendo um peso que precisa ser definido ao treinar a rede. Este é um MLP de três camadas, mas, ao adicionar mais camadas no meio, é possível aumentar a profundidade da rede neural. Foi demonstrado cerca de trinta anos depois que só é necessário um MLP de duas camadas para criar um aproximador universal — a rede neural pode estimar qualquer função. Usamos funções matemáticas para representar quase tudo (de movimento a forma e comércio) — então a rede neural pode estimar quase tudo também.

Um matemático ucraniano chamado Alexey Grigorevich Ivakhnenko demonstrou um tipo de rede neural multicamadas em 1965, chamada Método de Grupo de Manipulação de Dados, e treinou a rede neural camada por camada. Mas a primeira rede neural profunda mais reconhecível foi criada em 1967 pelo pesquisador japonês Shun'ichi Amari. Ele usou o gradiente descendente estocástico para permitir que suas redes neurais ajustassem os próprios pesos em toda a rede e mostrou que a rede era capaz de classificar padrões separáveis não linearmente. Amari continuou a realizar pesquisas em redes neurais e ciência do cérebro durante toda a vida profissional e fez várias contribuições importantes para o campo.

Caixas de Fósforos Pensantes

No início da década de 1960, os computadores eram imensos e dispendiosos monólitos, difíceis de acessar e usar. Nem todo pesquisador conseguia obter tempo de uso desses equipamentos raros e caros. Um pesquisador, em parte em resposta a uma aposta, encontrou uma alternativa totalmente singular: caixas de fósforos.

Donald Michie (conhecido como "Duckmouse" pelos colegas) foi um pioneiro britânico em inteligência artificial. Colega de Alan Turing durante a guerra, ajudou-o a decifrar códigos cifrados alemães. Além de jogar xadrez com Turing, Michie foi cooptado por ele após a guerra para tentar ajudar a recuperar os lingotes de prata que Turing havia enterrado temendo uma invasão alemã. Infelizmente, as áreas tinham sido reconstruídas, e os dois nunca recuperaram o tesouro de Turing — os lingotes permanecem escondidos onde foram enterrados até hoje.

Michie manteve contato com Turing até a morte dele, enquanto se dedicava ao estudo da genética. Em 1958, assumiu um cargo na Universidade de Edimburgo e, em parte como uma aposta contra um colega que disse que era impossível, e em parte para continuar o conceito de Turing de "máquinas de papel", Michie criou uma IA operada manualmente feita de caixas de fósforos e contas de vidro. Michie a chamou de MENACE (Machine Educable Noughts and Crosses Engine).*

Ele demonstrou a máquina em 1961. O MENACE aprendeu a jogar jogo da velha. Ela era composta por 304 caixas de fósforos, cada uma correspondendo a um possível estado específico do jogo, ou combinação única dos Xs e círculos do jogo da velha no tabuleiro. (Uma caixa para o primeiro movimento correspondendo ao tabuleiro vazio; o humano joga em segundo; a seguir doze caixas para o terceiro movimento — porque depois do segundo movimento o

---

* Ou "Máquina Educável de Jogo da Velha", em tradução livre. Detalhe: a sigla MENACE significa "ameaça". (N.T.)

tabuleiro pode estar em um dos doze estados; o humano joga em quarto; 108 caixas para o quinto movimento; o humano joga em sexto; e finalmente 183 caixas para o sétimo movimento final.) Dentro de cada caixa de fósforos havia até nove contas de vidro coloridas diferentes, e a cor representava onde o MENACE poderia realizar o próximo movimento. Para determinar o que o MENACE faria, o humano precisava encontrar a caixa de fósforos certa e tirar uma conta aleatoriamente, e a cor determinaria o movimento. Ao tirar uma vermelha, o MENACE joga o círculo no espaço do meio inferior; ao tirar uma dourada, ele joga no meio; ao tirar uma branca, o MENACE joga no canto superior esquerdo. Se não houver espaço para o movimento, a pessoa deve tirar outra conta até encontrar um espaço válido. A parte do aprendizado era inteligente: no final da partida, as contas são atualizadas nas caixas usadas. Se o MENACE

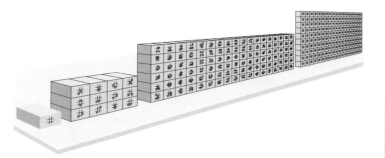

MENACE
Machine Educable Noughts and Crosses Engine
— 1961 —

Visão Geral: Exemplo inicial de aprendizado por reforço, implementado primeiro com caixas de fósforos

Pontos Fortes: Capaz de aprender com sucesso a jogar jogo da velha

Pontos Fracos: Limitado ao campo do jogo da velha, necessário para enumerar todos os movimentos possíveis no jogo

Questões Éticas: Nenhuma

Desenvolvedor: Donald Michie

venceu, três novas contas da mesma cor jogada são adicionadas a cada caixa. Se perder, as contas usadas são removidas das caixas. Se for um empate, apenas uma conta da mesma cor jogada é adicionada às caixas usadas. Michie chamou isso de "*loop* de reforço". Hoje chamamos isso de *aprendizado por reforço* em IA e, ao atualizar as contas, estamos realizando a *atribuição de créditos*. Estamos recompensando comportamentos que levaram a melhores resultados e penalizando comportamentos que levaram a piores resultados. Ao atualizar as contas dessa forma, o MENACE se torna mais propenso a fazer movimentos que o levarão a vencer o jogo. De fato, geralmente depois de vinte partidas ou mais, ele aprendeu a jogar tão bem que não podia ser derrotado.

Michie ganhou um pouco de notoriedade pela IA de caixas de fósforos e foi convidado pelo Departamento de Pesquisa Naval dos EUA para Stanford. Lá, escreveu um programa baseado no MENACE para um computador IBM. Ele retornou a Edimburgo e conseguiu financiamento para pesquisa em inteligência de máquina. Em 1966, fundou o Departamento de Inteligência de Máquina e Percepção da Universidade de Edimburgo e continuou a ser pioneiro em métodos de inteligência artificial e robótica.

Enquanto isso, de volta ao MIT, outras IAs de jogos foram construídas. O Mac Hack foi um exemplo, pela primeira vez escrito em linguagem assembly (linguagem de nível inferior mais próxima da linguagem nativa usada pelo computador), sem usar LISP, a linguagem de IA favorita do MIT na época. O Mac Hack foi uma versão aprimorada de uma IA de xadrez anterior criada por alunos de McCarthy. Richard Greenblatt, um aluno e programador do MIT, adicionou cinquenta de suas próprias funções heurísticas e também usou "tabelas de transposição" — caches[*] de posições de jogos anteriores e suas respectivas avaliações (não muito diferente das caixas de fósforos do MENACE) — para acelerar a busca da árvore de movimentos possíveis. O Mac Hack foi a primeira IA a jogar xadrez em torneios reais. Em 1967, ele ganhou a própria classificação de 1510[**] na Federação de Xadrez dos Estados Unidos, vencendo humanos durante as partidas de torneio, e era integrante honorário da federação.

---

[*] Termo de informática que significa um banco de armazenamento temporário que permite ao processador recuperar dados mais rapidamente. Um navegador de Internet mantém um registro da última versão de um site visitado no cache para acelerar a navegação. (N.T.)
[**] No xadrez, a classificação é uma ferramenta que facilita a medição do desempenho provável de um jogador para adequá-lo a competir com outros jogadores. (N.T.)

Começa o Frio

A década de 1960 foi uma década incrível de progresso em inteligência artificial. Mas ainda foi uma década de muita empolgação, com promessas exageradas feitas por pesquisadores superentusiasmados. Apesar dos sucessos, as pessoas começaram a perceber como tinha sido custosa a pesquisa. Perguntas começaram a ser feitas.

O primeiro relatório acusador veio de um campo relacionado: tradução automática. Desde a década de 1950, a linguística e a computação tentaram automatizar a tradução, muitas vezes usando regras e dicionários programados e imutáveis. Embora tenha havido algum sucesso limitado na tradução entre russo e inglês para documentos científicos, a pesquisa foi cara e não correspondeu à empolgação inicial. O governo dos EUA encomendou um relatório, que foi publicado em 1966. O Comitê Consultivo em Processamento Automático de Linguagem, um grupo de sete cientistas solicitados a reunir evidências, deu parecer negativo. A tradução automática era menos precisa e mais cara do que a tradução humana, e era improvável que o progresso fosse rápido nesse campo. Embora algumas recomendações de melhoria tenham sido feitas, as descobertas do relatório foram suficientes para interromper completamente a pesquisa de tradução automática nos EUA e reduzi-la severamente em outros países.

Em seguida, veio um livro escrito por Marvin Minsky e seu colega do MIT, Seymour Papert, o cocriador (com Wally Feurzeig e Cynthia Solomon) da linguagem de programação Logo (ou Turtle), amplamente usada no ensino. Juntos, Minsky e Papert foram os autores de *Perceptrons*, publicado em 1969. O livro foi um estudo teórico da própria versão simplificada da dupla a respeito das percepções de Rosenblatt. Eles mostraram que seus perceptrons simplificados não conseguiam computar nem mesmo algumas funções relativamente simples, o que fez com que as redes neurais parecessem mais limitadas do que se pensava. Isso contrastava com o livro de Rosenblatt lançado há uma década, que já havia mostrado a capacidade dessas redes neurais de convergir e computar muitas formas de função. Minsky e Rosenblatt se conheciam desde os tempos de escola, tendo estudado na Bronx High School of Science* com um ano de diferença. O próprio Minsky criou

---

* "Escola Científica de Ensino Médio do Bronx", em tradução livre, uma escola pública municipal de Nova York que oferece ensino especializado. É a escola de ensino médio que mais formou ganhadores do prêmio Nobel no mundo. (N.T.)

uma das primeiras IAs de rede neural: o SNARC (ver o capítulo anterior). No entanto, o livro de Minsky estava longe de ser um endosso entusiasmado das redes neurais. Ele causou um debate considerável entre acadêmicos, e por vários anos muitos ficaram com a nítida impressão de que Minsky e Papert tentaram propositalmente sufocar a pesquisa de rede neural, pois eles dois favoreciam a própria IA baseada em lógica simbólica.

Tenha sido proposital ou não, o resultado foi semelhante. Aqueles que trabalhavam diretamente em redes neurais não foram relativamente afetados, afinal, sabiam que as críticas no livro eram basicamente irrelevantes — usar perceptrons multicamadas permitia que as redes neurais aprendessem qualquer função. Mas aqueles fora do campo foram desencorajados a usar o método. O financiamento começou a favorecer projetos de IA baseados em lógica simbólica.

A inteligência artificial logo seria dominada pela lógica simbólica. Mas mesmo essa abordagem milagrosa, que parecia tão cheia de promessas, tinha alguns problemas. Em 1969, McCarthy e o cientista da computação britânico Patrick Hayes apontaram que a lógica tinha alguns problemas próprios. Se a pessoa representa o mundo e os comportamentos dentro desse mundo usando apenas declarações lógicas, então toda vez que algo muda é preciso atualizar tudo o que for relevante. Mas quando algumas coisas podem afetar umas às outras (levar uma xícara com uma colher dentro a uma mesa também leva a colher), e algumas não (a mesa não pode ser levada quando a xícara é colocada sobre ela), então é preciso de cada vez mais regras para acompanhar cada novo objeto e comportamento que são representados. Tais regras são conhecidas como axiomas de *frame*,* que dizem ao computador o que não vai acontecer, bem como o que vai acontecer. O problema de *frame* é então como fazer sistemas de IA que pudessem lidar com cenários da vida real sem ficarem sobrecarregados com a necessidade de infinitos axiomas de *frame*. Embora a dificuldade acabasse sendo superada na lógica após alguns anos de esforço, os filósofos acharam o conceito preocupante como um todo. Se algum dia uma inteligência artificial possuísse um intelecto de nível quase humano — e estivesse armazenando e atualizando as informações a respeito do mundo usando esse tipo de método rigidamente aplicado —, então seu

---

* O termo *frame* não é traduzido em toda a literatura científica consultada, ainda que fora do contexto de computação possa significar estrutura, conjunto, moldura. (N.T.)

monumental banco de dados de fatos e relacionamentos entre eles se tornaria impraticável. Seria um processo lento demais e exigiria muitas regras para lidar com o mundo real.

No entanto, a sorte estava lançada. Embora o interesse na corrida para fazer com que a inteligência artificial parecesse estar diminuindo, as abordagens baseadas em lógica simbólica estavam assumindo uma liderança inicial.

CAPÍTULO 010

1970-1980
O Primeiro Inverno da Inteligência Artificial

O Nascimento da Era do Computador

Com a ajuda de Ted Hoff (ver capítulo anterior), o primeiro microprocessador comercial foi colocado à venda em 1971. O Intel 4004, usado principalmente em calculadoras de mesa Busicom, demonstrou o potencial para integração em larga escala de transistores em um chip e provocou uma corrida sem fim dos fabricantes de chips para fazer microprocessadores mais rápidos, melhores e mais baratos. No final da década, muitos projetos fundamentais de processadores de computador foram produzidos: o Intel 8080 usado no kit Altair 8800 da MITS desencadeou um *boom* de computadores domésticos, o que gerou imitações, como o Motorola 6800. Este poderoso processador foi o cérebro de estações de trabalho Unix de ponta e, em seguida, de gerações de computadores Mac, de computadores Atari ST e Amiga, de consoles de jogos Sega e máquinas de fliperama. O núcleo ainda é encontrado em processadores integrados de motores de combustão interna de automóveis e estações meteorológicas. O Z80 era um clone avançado do 8800 e foi o cérebro de centenas de computadores empresariais na década de 1970 e acabou sendo usado no ZX Spectrum, no Game Boy da Nintendo, no Master System da Sega e em muitas calculadoras gráficas. Foi também o primeiro de uma longa linha de processadores usados em PCs nos anos seguintes (o 8086, o 8088 e todos os chips x86). O 6502 era um rival mais barato do 8088 e foi usado por Steve Wozniak nos primeiros computadores Apple II.

À medida que a tecnologia dos computadores avançava, soluções de rede foram inventadas para conectá-los. Os primórdios da Internet ocorreram na década de 1970 com a ARPANET e a criação dos protocolos fundamentais de comunicação da grande rede. Os sistemas operacionais conhecidos também estavam em desenvolvimento: o UNIX (que evoluiu em muitas direções, incluindo Mac-OS) e o PC-DOS (que se tornou MS-DOS e, subsequentemente, o Windows).

De fato, o computador havia chegado e estava cada vez mais disponível para todos.

Tempos Difíceis para a Inteligência Artificial

Enquanto a tecnologia da computação prosperava, a inteligência artificial no início dos anos 1970 não. Comparada aos milagres dos novos microprocessadores, sistemas operacionais avançados e redes, para alguns a IA agora parecia datada e de alguma forma não exibia o rigor da "verdadeira ciência da computação". O fracasso em corresponder à empolgação dos anos 1960 estava se tornando cada vez mais aparente.

Os problemas nos EUA ganharam destaque no final da década de 1960 (ver capítulo anterior). Em 1972, o principal órgão de financiamento científico do Reino Unido (o Conselho de Pesquisa Científica) encomendou um relatório a respeito do progresso da IA após graves divergências no campo — muitas vezes evidentes dentro da Universidade de Edimburgo, que abrigava o principal centro de pesquisa de inteligência artificial do Reino Unido na época. O matemático de Cambridge Sir James Lighthill escreveu um relatório detalhando suas descobertas e depois participou de um debate televisionado, no qual ele (o "acusador") debateu com os três especialistas em IA Donald Michie e Richard Gregory (Departamento de Inteligência de Máquina, Universidade de Edimburgo) e John McCarthy (Stanford) em um ambiente semelhante a um tribunal. Lighthill acusou — com os braços frequentemente estendidos para causar efeito — os pesquisadores de IA de praticar má ciência porque simplificaram demais problemas muito complexos. Ele sugeriu que os resultados da IA até então eram irrelevantes porque não atingiram os resultados prometidos após vinte anos de esforço e milhões em financiamento.

Os pesquisadores de IA fizeram o melhor que puderam para conter aquele ataque público, mas tiveram pouco sucesso. As consequências foram arrasadoras para a pesquisa de inteligência artificial no Reino Unido. O financiamento foi cancelado para todas as universidades, exceto Edimburgo e Essex. Grande parte do financiamento de IA simplesmente secou. Enquanto a tecnologia da computação cresceu e se tornou comum, a pesquisa de IA ficou isolada da ciência da computação. O período ficou conhecido como o primeiro inverno da inteligência artificial.

Outros Tipos de Inteligência

Enquanto os pesquisadores de IA estavam se recuperando da resposta negativa ao trabalho deles (e em muitos casos procurando novos empregos), a pesquisa em outras áreas da ciência da computação permaneceu inalterada. Um exemplo foi o trabalho de um cientista da computação e engenheiro chamado Lotfali Askar-Zadeh, conhecido como Lotfi Zadeh. Nascido no Azerbaijão, educado no Irã e depois no MIT e na Universidade de Columbia (Nova York), Zadeh acabou se estabelecendo na Universidade da Califórnia (Berkeley) durante a maior parte da carreira, onde realizou pesquisas em sistemas de controle de computador. Embora altamente relacionados à inteligência artificial, os sistemas de controle permaneceram mais na área da engenharia elétrica e, portanto, o campo foi protegido das consequências do "Inverno da IA". Após vários anos de pesquisa, Zadeh decidiu que havia a necessidade de um novo tipo de sistema de controle. Ele reconhecia a clareza da lógica usada em alguns sistemas especialistas, mas achava que a lógica era inadequada para controle preciso pela própria natureza binária de liga/desliga. Por exemplo, embora fosse possível controlar um elevador com instruções lógicas de ligado/desligado (subir/parar e descer/parar), isto resultaria em uma viagem assustadora para os passageiros. O elevador saltaria para a velocidade máxima instantaneamente e instantaneamente pararia, o que derrubaria todo mundo. Um controle adequado para um elevador deve acelerá-lo suavemente, de parado para a velocidade máxima, e, a seguir — ainda mais

CAPÍTULO 010: 1970-1980 O PRIMEIRO INVERNO DA INTELIGÊNCIA ARTIFICIAL

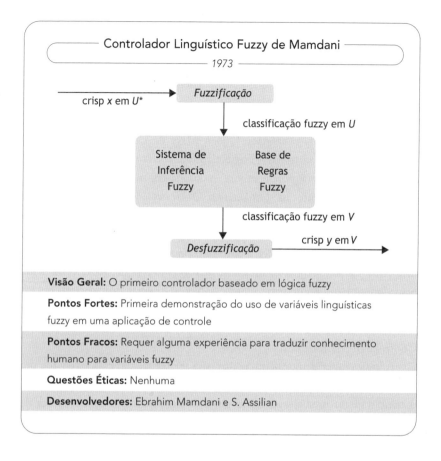

complicado —, deve desacelerá-lo suavemente, parando exatamente no nível do andar desejado: nem um centímetro mais alto ou mais baixo.

Zadeh achou que a lógica precisava ser *fuzzificada*** para dar conta dessa necessidade fundamental de suavidade no controle. Em vez de ter dois valores lógicos de verdadeiro/falso ou ligado/desligado, ele desenvolveu a ideia de que a lógica fuzzy poderia representar graus de verdade ou tons de cinza entre um valor e outro. Criou o conceito em meados da década de 1960,

---

* Crisp é o termo para valores binários (0 e 1), e U é o conjunto universal. (N.T.)
** O termo fuzzy não costuma ser traduzido na literatura científica (quer dizer difuso, nebuloso). É um meio matemático que trata especificamente de imprecisão e ambiguidade. Ao contrário da lógica clássica, que trabalha com valores binários (verdadeiro ou falso), a lógica fuzzy permite a representação e o processamento de informações parcialmente verdadeiras ou parcialmente falsas. (N.T.)

estabelecendo-o em termos de associação de conjuntos fuzzy, mas foi somente no início da década de 1970 que Zadeh desenvolveu a ideia focada para controle ao introduzir variáveis linguísticas para ajudar a codificar o conhecimento humano: uma "temperatura quente" ou "cliente rico". O primeiro exemplo real de um controlador de lógica fuzzy, que fazia uso de variáveis linguísticas, foi criado pelos pesquisadores Ebrahim Mamdani e seu aluno de doutorado Sedrak Assilian na Universidade Queen Mary de Londres. Em 1973, eles desenvolveram um controlador linguístico fuzzy para uma "instalação industrial modelo (uma máquina a vapor)" — usada em uma fábrica de verdade, que produzia cimento na Dinamarca. O controlador foi publicado por Assilian como tese de doutorado e chamado explicitamente de "Inteligência Artificial no Controle de Sistemas Dinâmicos Reais". Esse novo tipo de IA se valia de uma base de conhecimento (um pouco como um sistema especialista), que por sua vez incluía uma base de regras fuzzy que, ao ser combinada com algum mapeamento fuzzy e processamento de sinal, formava um controlador inteligente que se valia de conhecimento humano e era capaz de controle suave. A inteligência artificial acabou se tornando conhecida como o Controlador Mamdani.

A lógica fuzzy demorou um pouco para ser aceita, mas cresceu e virou um grande campo de pesquisa, se tornando especialmente popular na Ásia. Com o tempo, ela se estabeleceu como um método padrão de controladores de elevador de "controle inteligente", panelas elétricas de arroz e fornos. Até hoje é possível encontrar muitos desses produtos ainda se gabando de ter controladores fuzzy ou inteligência artificial fuzzy.

Um Começo Incerto[*]

Controlar robôs sempre foi uma aplicação atraente da inteligência artificial. Se fosse possível criar um cérebro de computador capaz de fazer um robô se deslocar pelo próprio mundo e se comportar apropriadamente, então isto com certeza seria inteligência em ação. O robô Shakey foi um exemplo pioneiro, desenvolvido do final dos anos 1960 ao início da década de 1970 no Centro de Inteligência Artificial do Instituto de Pesquisa de Stanford. Shakey (assim

---

[*] O autor faz um jogo de palavras com Shakey, o nome do robô, e seus significados em inglês: incerto, instável, inseguro, não confiável. (N.T.)

chamado por causa dos movimentos um tanto instáveis enquanto se deslocava) foi revolucionário na época, pois combinava pesquisas de IA anteriormente desconexas nos campos de busca, planejamento, processamento de linguagem natural e visão. Os cientistas da computação Charles Rosen, Nils Nilsson e Peter Hart lideraram o projeto, que foi financiado pela DARPA e desenvolvido em LISP.

O Shakey não era um robô especialmente rápido ou inteligente, e não levava o próprio cérebro com ele — os computadores eram grandes demais e, portanto, precisavam ser conectados via rádio. O Shakey também existia apenas dentro de um ambiente criado artificialmente contendo blocos gigantes, como cubos e pirâmides, pois não era muito bom em entender o que estava vendo — exatamente as simplificações tão abominadas por Lighthill em seu relatório. Mas o Shakey ajudou os pesquisadores a desenvolverem vários avanços importantes em IA. Eles criaram a ideia de um *gráfico de visibilidade* — onde cada ponto (*nó*) é um local, que é conectado (por uma *aresta*) se não houver obstáculo entre eles. Os pesquisadores inventaram o algoritmo de busca A* — uma maneira muito mais eficiente de pesquisar o que fazer e para onde ir em seguida. Também avançaram no nascente campo da visão computacional com a Transformada de Hough — técnica matemática que realiza a detecção de formas geométricas (com uso de câmeras) em imagens digitais, detectando linhas e, com o tempo, posições de formas, como círculos. Mais de uma década depois, o sucessor do Shakey, Flakey, o Robô, faria uso da lógica fuzzy em seus sistemas de controle. De certa maneira, o Shakey foi o avô dos robôs autônomos modernos e veículos autônomos.

Nilsson teria uma carreira longa e diligente em inteligência artificial em Stanford e ajudou a inventar a ideia de planejamento automatizado em seu "Solucionador de Problemas do Instituto de Pesquisa de Stanford" (STRIPS, em inglês), desenvolvido com o colega Richard Fikes. O STRIPS permitiu a especificação de objetivos claros, dado um estado inicial, e o conjunto de ações. Por exemplo, o objetivo pode ser colocar uma xícara sobre uma mesa, dado o estado inicial de segurar a xícara, e ações de ir até a mesa e de mover o braço e a mão. Uma ação pode ter pré-condições — por exemplo, antes de poder colocar a xícara sobre a mesa é preciso ter a mesa diante de si — e pós-condições — uma vez que a xícara é solta sobre a mesa, ela não está mais na mão. O STRIPS ajudou a formar as bases do que ficou conhecido como linguagens de ação, usadas por planejadores automatizados.

Shakey, o Robô
1966–1972

Visão Geral: robô autônomo inicial

Pontos Fortes: inovou em vários métodos novos, como a Transformada de Hough e o algoritmo A*

Pontos Fracos: lento e muito limitado na capacidade de direcionamento; existia somente dentro de uma sala construída artificialmente com grandes blocos

Questões Éticas: nenhuma

Principais Desenvolvedores: Charles Rosen, Nils Nilsson e Peter Hart

INTELIGÊNCIA EM EVOLUÇÃO

Pesquisadores já haviam mostrado que busca/buscar desempenhava um papel importante na inteligência artificial, auxiliada por algoritmos como o A*. Contudo, alguns cientistas levaram a ideia ainda mais longe. Assim como as redes neurais foram inspiradas pelo cérebro humano, os algoritmos genéticos foram inspirados pelo processo de evolução natural. John Holland escreveu um livro a respeito de algoritmos genéticos em 1975, após vários anos pesquisando o uso da evolução para ajudar a resolver problemas. A ideia era simples: se a evolução natural era capaz de otimizar a vida para que os descendentes tendessem a estar em melhor forma (em condições mais aptas) para encarar o meio ambiente a sua volta em comparação com os pais, então por que não poderíamos usar os mesmos princípios em nossos computadores para resolver problemas? Os algoritmos genéticos de Holland mantinham uma população de soluções candidatas para um determinado problema. Cada solução seria um conjunto de parâmetros que poderiam ser avaliados por meio de uma função de aptidão a fim de determinar o quão bem resolveram o problema. As soluções que receberam uma pontuação de aptidão mais alta foram selecionadas preferencialmente como pais. As soluções paternas gerariam então uma nova população de soluções filhas que herdariam genes dos pais. Holland criou esses genes digitais usando codificação binária: cada parâmetro era armazenado como um número binário e, a seguir, a sequência binária resultante de uns e zeros podia ser aleatoriamente misturada com seções tiradas de cada pai para produzir um filho, com algumas mutações aleatórias adicionadas só por garantia. Começando com uma população de soluções aleatórias, o algoritmo genético então desenvolveria soluções cada vez melhores.

Funcionou muitíssimo bem, e Holland — que era professor de várias disciplinas (psicologia, engenharia elétrica e ciência da computação) na Universidade de Michigan, em Ann Arbor — logo expandiu a ideia para a inteligência artificial. Em 1977, ele começou experimentos com sistemas de classificação de aprendizagem. Esses eram algoritmos genéticos capazes de aprender novas regras em resposta a um ambiente em mudança, onde tais regras podiam representar qualquer coisa, desde controlar um robô até jogar uma partida de damas. Um algoritmo especial de "mutirão para apagar incêndio" descobriu quais regras eram responsáveis pelo sucesso ou não do classificador (regra) em um determinado ponto no tempo e atribuiu crédito às melhores, permitindo que tivessem mais filhos enquanto regras piores eram removidas. Dessa forma, os sistemas de classificação de aprendizagem podiam se ensinar a executar novas tarefas. Este foi o início de algo significativo, e tanto os algoritmos genéticos como os sistemas de classificação de aprendizagem se expandiriam para grandes campos de pesquisa que duram até hoje.

Holland não foi o único pesquisador a fazer uso da evolução em computadores na década de 1970 — vários algoritmos relacionados foram criados com funcionamento semelhante. Lawrence Fogel criou um exemplo notável. Ele obteve algum sucesso em engenharia elétrica nas décadas de 1950 e 1960 ao produzir as primeiras patentes para fones de ouvido com cancelamento de

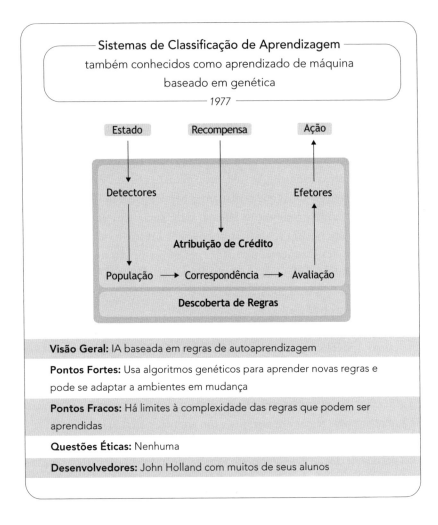

ruído — originalmente projetados para pilotos de helicóptero. Na década de 1960, Fogel trabalhou brevemente para a Fundação Nacional da Ciência (U.S. NSF) e começou a se interessar por cibernética. Desenvolveu uma teoria de que uma inteligência artificial poderia ser criada usando a evolução em um computador, em contraste com as ideias predominantes de lógica simbólica e sistemas especialistas. Ele então produziu uma tese a respeito do tópico e mais tarde escreveu um livro: *Artificial Intelligence Through Simulated Evolution*.*

---

* *Inteligência artificial por meio de evolução simulada*, em tradução livre. (N.T.)

A ideia de Fogel era a combinação de um algoritmo evolucionário simples que usava apenas mutação com Máquinas de Estados Finitos, ou FSM, em inglês (inventadas alguns anos antes por Edward Moore, um colega de Claude Shannon). A FSM é uma maneira de descrever um sistema ou máquina que tem comportamentos e um conjunto predefinido de estados. Por exemplo, um robô pode ter estados "avançar" e "girar para a esquerda". Ele alternaria esses estados dependendo de alguma entrada sensorial: um obstáculo encontrado adiante quando estivesse no estado "avançar" pode fazê-lo

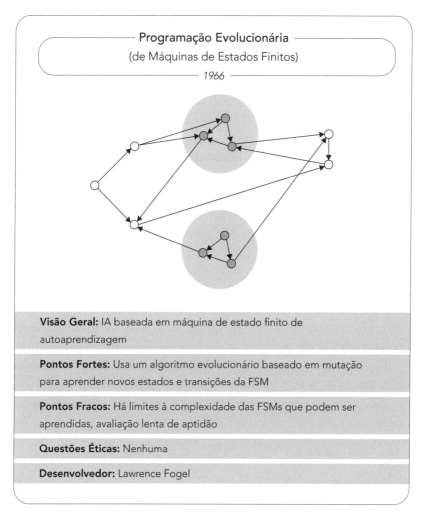

Programação Evolucionária
(de Máquinas de Estados Finitos)
1966

Visão Geral: IA baseada em máquina de estado finito de autoaprendizagem

Pontos Fortes: Usa um algoritmo evolucionário baseado em mutação para aprender novos estados e transições da FSM

Pontos Fracos: Há limites à complexidade das FSMs que podem ser aprendidas, avaliação lenta de aptidão

Questões Éticas: Nenhuma

Desenvolvedor: Lawrence Fogel

mudar para "girar para a esquerda", que pode voltar para "avançar" novamente quando o obstáculo não fosse mais detectado. Ao conectar um algoritmo evolucionário à FSM, é possível evoluí-la — inventando e otimizando os estados e transições entre eles.

Embora Fogel estivesse à frente de seu tempo ao criar a programação evolucionária na década de 1960, antes que a maioria dos outros algoritmos fossem criados, e ao refiná-la na década de 1970, seus métodos não receberam a mesma atenção que os algoritmos genéticos de Holland. A maioria dos algoritmos baseados em evolução acabaram se fundindo no campo dos algoritmos genéticos, mais tarde conhecido como computação evolucionária. No entanto, o filho de Fogel, David, passou grande parte da carreira continuando o trabalho do pai a respeito de programação evolucionária e deu suas próprias contribuições significativas ao campo.

A Vida, Mas Não Como a Conhecemos

Máquinas de estados finitos, como usadas na programação evolucionária, estão relacionadas aos autômatos celulares, o método usado por Von Neumann na exploração de construtores universais (ver capítulo 000). Um algoritmo de autômatos celulares usa uma grade onde cada célula pode assumir um estado dentro de um número finito de estados, com a transição determinada pelo estado das células vizinhas, e toda a grade de células sendo atualizada em conjunto para alternar os estados simultaneamente. Em 1970, o matemático de Cambridge John Conway usou essa ideia para algo novo.

Conway começou os estudos como um "adolescente completamente introvertido" que gostava de andar descalço. No final de uma longa carreira estudando matemática em Cambridge (e mais tarde na Universidade de Princeton, apropriadamente na Cátedra John von Neumann de Matemática), foi descrito como "uma mistura de Arquimedes, Mick Jagger e Salvador Dalí". Em 1970, ficou obcecado por jogos, assim como era pela matemática. Trabalhando apenas no papel, ele inventou um tipo de autômato celular que se comportava de forma bem estranha. Tão estranha, na verdade, que ficou conhecido como Jogo da Vida de Conway.

As regras do jogo da vida eram muito simples; as células podiam ter um de dois estados: "viva" ou "morta". Uma célula viva cercada por menos de duas outras células vivas morrerá, como se fosse por subpopulação. Uma célula viva

Jogo da Vida de Conway
1970

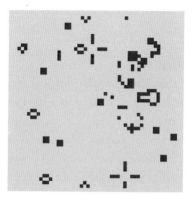

Visão Geral: O exemplo mais famoso de autômatos celulares

Pontos Fortes: Demonstra comportamento complexo e realista com apenas algumas regras simples

Pontos Fracos: Não faz nada útil além de crescer como bactérias

Questões Éticas: Nenhuma

Desenvolvedor: John Conway

com dois ou três vizinhos continua viva. Uma célula viva com mais vizinhos do que isso morrerá, como se fosse por superpopulação. Uma célula morta com três células vivas ao redor se torna uma célula viva, como se fosse por reprodução.

Ao colocar algumas células "semente" aleatórias na grade e executar os autômatos celulares, algo notável acontece. Há um crescimento estranho e imprevisível, como bactérias se espalhando. Às vezes, os padrões se formam e se movem pela grade. Às vezes, os padrões se estabilizam e permanecem estáticos. Às vezes, os padrões crescem e depois simplesmente morrem. Era impressionantemente realista.

Conway se tornou uma espécie de celebridade com o trabalho, que foi apenas uma de muitas de suas contribuições para a matemática. Ele também deu início ao campo dos autômatos celulares, que se desenvolveria em direções fascinantes nos anos seguintes. Mas o Jogo da Vida de Conway sempre foi sua invenção mais famosa, com milhares de "entusiastas da vida" passando horas programando seus próprios padrões para permitir tipos especiais de comportamentos, de "pistolas planadoras" a "naves espaciais".

Inteligência Incomum

Autômatos celulares (e algoritmos evolucionários) foram um exemplo típico de uma abordagem "de baixo para cima" para a inteligência artificial. Pesquisadores começam com os menores componentes da vida e tentam desenvolver comportamento inteligente aos poucos. Mas a visão predominante da IA na década de 1970 ainda era "de cima para baixo" — pesquisadores olhavam para um comportamento inteligente desejado e tentavam projetar um sistema que imitasse esse comportamento diretamente. Os chatterbots foram um excelente exemplo dessa abordagem, e o trabalho neles não parou, apesar do clima meio estranho para os pesquisadores.

A ELIZA pode ter sido um avanço na década de 1960, mas nos anos 1970 os pesquisadores já eram capazes de algo um pouco melhor. Inspirado pela ELIZA e pelo trabalho em inteligência artificial realizado em Stanford, o psiquiatra Kenneth Colby criou, em 1972, um novo chatterbot chamado PARRY. Enquanto a ELIZA era capaz de brincar de médico, o PARRY foi projetado para se comportar como uma pessoa com esquizofrenia paranoica. Como um Teste de Turing, em 1979, um grupo de psiquiatras foi convidado a se comunicar com pacientes de verdade e o PARRY por meio de teletipos. A seguir, pediram que os psiquiatras distinguissem entre as pessoas reais e a IA. Eles adivinharam corretamente apenas 48% das vezes — nada diferente de um chute aleatório.

O PARRY era um chatterbot mais avançado em comparação com a ELIZA e imitava reações emocionais a certos gatilhos. Isto ficou muito claro quando os dois foram autorizados a se comunicar via ARPANET. Aqui está um fragmento da conversa:

```
ELIZA: Boa noite.

ELIZA: Conte-me seus problemas. Por favor, encerre a
       entrada com um ponto final ou um ponto de
       interrogação.
```

PARRY: Às vezes, as pessoas me irritam.

ELIZA: Acho que não te entendi completamente.

PARRY: Você deveria prestar mais atenção.

ELIZA: Creio que você deveria prestar mais atenção.

PARRY: Sua opinião é direito seu.

ELIZA: O que faz você pensar que minha opinião é direito meu?

PARRY: Só fico incomodado de estar cercado por pessoas em geral.

ELIZA: Por favor, continue.

PARRY: Fui ao hipódromo em Bay Meadows um tempo atrás.

ELIZA: O que isso sugere para você?

PARRY: Fui às corridas de cavalos.

ELIZA: O que mais você gostaria de discutir?

PARRY: Corridas de cavalos me interessam.

ELIZA: Por que você diz isso agora?

PARRY: Há muitas apostas desonestas acontecendo lá.

ELIZA: Acho que não te entendi completamente.

PARRY: Está claro para mim, se não para você.

ELIZA: Você acha que não está claro para mim?

PARRY: Eu fui às corridas de cavalos.

ELIZA: Por favor, continue.

PARRY: Eu aposto em cavalos.

ELIZA: O que isso sugere para você?

PARRY: Eu fui às corridas de cavalos.

ELIZA: O que mais você gostaria de discutir?

PARRY: Apostar só me traz problemas.

ELIZA: Por que você diz isso agora?

PARRY: Eu tive experiência com bandidos apostando nas pistas.

ELIZA: Acho que não te entendi completamente.

E assim por diante...

PARRY

1972

Visão Geral: Chatterbot com esquizofrenia paranoica

Pontos Fortes: Um chatterbot mais avançado capaz de enganar especialistas

Pontos Fracos: Capaz apenas de se comunicar de uma forma muito específica, imitando um paciente com esquizofrenia paranoica

Questões Éticas: É apropriado para uma IA imitar uma doença mental humana?

Desenvolvedor: Kenneth Colby

O PARRY não foi a única IA a progredir no processamento de linguagem natural. O SHRDLU (nome dado em homenagem ao conjunto de teclas próximas umas das outras no teclado de linotipo) foi desenvolvido por Terry Winograd no MIT para o doutorado dele. Esta IA simples operava em um "mundo de blocos" simplificado e podia entender e responder a perguntas a respeito desse mundo, como, por exemplo: "A esfera vermelha está em cima do cubo verde?"

O mundo de blocos era outra vez exatamente o tipo de simplificação tão difamada por Lighthill no relatório que ele fez alguns anos depois. Surpreendentemente, o pessimismo de Lighthill foi reforçado pelo criador da ELIZA. Em 1976, Weizenbaum escreveu o livro *O poder do computador e a razão humana*. Argumentou que computadores e IA nunca deveriam ter permissão para tomar decisões importantes, afinal, jamais possuirão sabedoria e compaixão. Weizenbaum fez a distinção entre tomar uma decisão — algo que um computador pode fazer com base em regras lógicas — e fazer uma escolha — algo que requer julgamento. Os argumentos acabaram por aliená-lo de muitos pesquisadores de IA na época, e apenas ajudaram a aprofundar o Inverno da Inteligência Artificial.

Pesquisadores como Terry Winograd ficaram desanimados, mas não desistiram. Winograd se mudou para Stanford e, durante muitos anos, continuou a pesquisar IA para entender a linguagem natural. Também supervisionou dois notáveis alunos de doutorado: Sergey Brin e Larry Page. Brin mais tarde comentou que Winograd o incentivou a investir na ideia dele de entender a World Wide Web como uma rede de gráficos, dizendo: "Foi o melhor conselho que já recebi." Depois de um tempo pesquisando, em 1998 Brin e Page fundaram uma empresa chamada Google.

INTELIGÊNCIA AUDÍVEL

Entender a linguagem natural na forma de frases escritas era uma coisa, entretanto, a maior parte da comunicação humana cotidiana ocorre por meio da fala. Uma IA que pudesse entender a nossa fala seria extremamente útil. Essa foi a ideia de Raj Reddy, um cientista da computação indiano que havia concluído o doutorado no Laboratório de Inteligência Artificial de John McCarthy em Stanford e estava se mudando para a Universidade Carnegie Mellon (CMU). Reddy fundou o trabalho de reconhecimento de fala na CMU e acabou criando vários departamentos (e apoiou inúmeras outras universidades) no esforço de permitir que os computadores entendessem a fala humana.

O Hearsay 1 foi a primeira IA de compreensão de fala feita por Reddy e seu grupo. Processava áudio para extrair características sonoras (fonética);

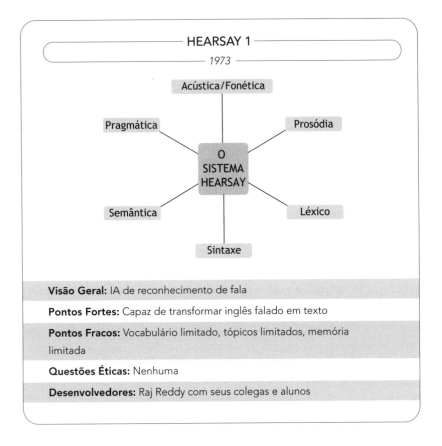

padrões de ênfase e entonação; um dicionário de palavras; um conjunto de regras gramaticais da linguagem; significados de palavras e frases; e contexto da conversa para resolver ambiguidades. Embora tivesse um vocabulário limitado e fosse um pouco lento devido à capacidade de processamento dos computadores da época, o Hearsay 1 foi uma conquista notável e era capaz de processar frases simples transformando áudio em texto corretamente 89% das vezes. Em outubro de 1973, ele havia sido demonstrado em 144 frases faladas por cinco pessoas. O Hearsay 1 tinha um vocabulário um tanto pequeno: entre 28 e 76 palavras, dependendo do tópico para o qual era configurado. Foi testado em cinco tópicos diferentes: Xadrez, Pesquisa de Notícias, Diagnóstico Médico, Calculadora de Mesa e Programação.

A pesquisa da CMU floresceu na área com outro pesquisador chamado Jim Baker sugerindo o uso de *modelos ocultos de Markov* (um modelo matemático de uma sequência de eventos onde a probabilidade de um evento depende do evento anterior) para processar o áudio. Jim chamou o sistema de DRAGON. A base matemática significava que ele calculava probabilidades de palavras e a probabilidade de elas ocorrerem próximas umas das outras — mais ou menos como um sistema de autocorreção funciona hoje em um celular. Quando o DRAGON foi descrito em 1975, não ficou clara a eficácia do funcionamento, pois havia sido testado em apenas nove frases. No entanto, Baker era ambicioso e rapidamente lançou o DRAGON como um produto comercial chamado DragonDictate. Em 1982, ele e a esposa criaram a Dragon Systems, uma empresa que seguiu lançando software de reconhecimento de áudio pelos próximos quarenta anos e continua até hoje.

Enquanto isso, Reddy e seu grupo continuaram o trabalho de desenvolvimento de várias outras IAs de reconhecimento de fala. O aluno de doutorado Bruce Lowerre combinou ideias do HEARSAY 1 e do DRAGON na IA que batizou de HARPY. À medida que mais pesquisadores talentosos entravam no laboratório de Reddy, as IAs de reconhecimento de fala só melhoravam. O HEARSAY II foi construído com base nos avanços dos sistemas anteriores e adicionou um sistema de "quadro-negro" — um lugar virtual onde os agentes de software, separados, podiam compartilhar descobertas uns com os outros, o que melhorou a comunicação entre eles e permitiu que colaborassem no mesmo problema. Essa ideia seria herdada por muitas IAs nos anos futuros.

Você Foi Enquadrado

Com tantas tentativas de desenvolver IAs para representar conhecimento a respeito do mundo, no MIT, Minsky percebeu que era necessário ter uma maneira coerente de armazenar essas informações. Expandindo as ideias legais de lógica preferidas pelos colegas em Stanford, Minsky criou uma abordagem um pouco mais "desleixada", que chamou de quadro. Esta era uma nova estrutura de dados — uma tabela de informações a respeito de objetos. Por exemplo, o objeto "Menino" pode ter "espaços" como "Tipo: Pessoa" (um indicador para um quadro superior designado como Pessoa), "Sexo: Masculino", "Residência: Endereço" (onde o endereço é um outro quadro) e assim por diante. Os espaços também podem receber "anexos procedurais"* — um código para lhes dar mais flexibilidade. Os quadros eram muitíssimo relacionados a linguagens orientadas a objetos e à web semântica, que viriam depois. Do trabalho de 1974 feito por Minsky, os quadros logo evoluíram para linguagens KRL (Linguagem de Representação do Conhecimento), desenvolvida por Bobrow e Winograd, e mais tarde KL-ONE. Com o tempo, elas ajudaram no desenvolvimento de ontologias, como a Web Ontology Language (OWL), que se tornou um padrão para representar conhecimento na Internet.

Conforme continuou a trabalhar em IA, Minsky também começou a desenvolver a própria teoria a respeito do funcionamento do cérebro. Durante grande parte da década de 1970, trabalhando com o colega Seymour Papert, ele começou a descrever sua visão de inteligência. "Mentes são o que os cérebros fazem", acreditava Minsky ao descrever nossa inteligência como algo que surge das interações de muitos agentes diversos, cada um capaz de armazenar e processar informações de forma diferente para diferentes propósitos. Chamou essa ideia de "sociedade das mentes" e se opôs à visão alternativa da inteligência artificial na época de que devia haver algum princípio fundamental ou sistema formal único por trás da inteligência.

A lacuna cada vez maior entre aqueles que preferiam métodos formais e lógicos de IA e aqueles que eram contrários ajudou a separar os pesquisadores no que ficou conhecido como "arrumados" e "desleixados".

Aprendendo a Pensar

A IA convencional (ou o que restou do campo) foi dominada pelo processamento simbólico na década de 1970. Além do LISP, outra linguagem, conhecida como Prolog, foi criada em 1972 pelas universidades de Edimburgo e Aix-Marseille, consolidando ainda mais essa ideia na IA.

Mas nem todos os pesquisadores estavam interessados em tal abordagem, e o trabalho em redes neurais continuou. Paul Werbos começou a se interessar

---

* Jargão de informática que seria melhor traduzido como "processual", mas significa uma linguagem de programação na qual o elemento básico de programação é a *procedure* (uma sequência de instruções — rotina, sub-rotina ou função — associadas a um nome próprio). As linguagens de alto nível mais utilizadas (C, Pascal, BASIC, FORTAN, COBOL, Ada) são todas linguagens "procedurais". (N.T.)

por computadores e cérebro enquanto era um residente que estagiava em um consultório médico na década de 1960. Ele viu o livro de Hebb e o achou fascinante, mas percebeu que uma rede neural em um computador precisava de um método para aprender os valores dos pesos. O "aprendizado hebbiano" (ver capítulo 000) não resolveria a questão. Uma vez em Harvard, participou de um curso de neurociência e fez o melhor possível para entender como o cérebro poderia aprender, pensando em ideias como aprendizado por reforço. Então, um dia, Werbos pegou carona com algumas pessoas e conversou a respeito do problema — como otimizar os pesos de uma rede neural automaticamente. Uma delas falou a respeito de programação dinâmica. Era disto que ele precisava para combinar várias ideias e criar uma rede neural que aprendesse usando *retropropagação*, usando aprendizado por reforço. Paul Werbos publicou a inovadora tese de doutorado a respeito de retropropagação em redes neurais em 1974.

Embora as ideias separadas fossem conceitos antigos e bem estabelecidos em matemática, a retropropagação foi, no entanto, um avanço, pois o método permite que perceptrons multicamadas sejam treinados de maneira eficiente e rápida. Voltando à metáfora do primeiro capítulo, nosso neurônio é como um grande túnel rodoviário sob um rio com várias estradas convergindo na entrada, cada uma com os próprios limites de velocidade, e um semáforo na saída do túnel. Ao alterar os limites de velocidade (pesos dos neurônios) e, dependendo da quantidade de tráfego em cada estrada de entrada, o semáforo ficará verde ou vermelho (o neurônio será ativado ou não).

Quando treinamos o neurônio, precisamos alterar os pesos para que ele seja ativado apenas para certos valores em certas entradas. Poderíamos imaginar que temos um comboio de veículos cheios de VIPs chegando em apenas algumas das estradas de entrada e temos que definir os limites de velocidade de modo que o semáforo fique verde para eles, e assim os veículos passem. (Temos um padrão de valores nas entradas e queremos que o neurônio responda corretamente na saída.) Ao treinar, fazemos muitas tentativas e vemos como fomos bem-sucedidos a cada vez. Se o comboio VIP passar, então o neurônio funcionou corretamente naquela vez. Mas se não, então temos um erro. Sabemos o que queríamos e sabemos o que realmente obtivemos; a diferença é o valor do erro (geralmente é uma boa ideia elevar esse valor ao quadrado para que erros maiores sejam mais ampliados). Podemos então voltar e atualizar os limites de velocidade proporcionalmente de acordo com os valores. (Um valor maior que deixe passar muito tráfego pode ser mais culpado pelo erro em comparação a um valor baixo que teve pouco efeito na saída.) Atualizamos os valores algumas vezes para cima ou para baixo até minimizarmos o erro visto na saída, usando uma regra de aprendizado (hoje, geralmente, um método de otimização como o gradiente descendente, ver capítulo 100). Se nosso semáforo tiver uma função de transformação não linear complicada (que redes neurais posteriores usam, pois permitem o aprendizado de dados mais complexos), então temos que usar um pouco de cálculo e tirar a derivada da função ao descobrir o erro.

A parte inteligente da retropropagação é que podemos continuar seguindo o mesmo procedimento mesmo quando conectamos neurônios em camadas (nossa saída de túnel se junta a uma estrada que vai para outro túnel com outro semáforo, que alimenta outra estrada que vai para outro túnel, e assim por diante). Podemos usar um pouco de matemática inteligente para propagar o erro para trás, calculando todas as derivadas à medida que avançamos. Então, conforme otimizamos os pesos de acordo com a regra de aprendizado, podemos descobrir o novo erro na saída e, assim sendo, propagar esse erro de volta, testando novos valores de peso, e assim por diante.

Werbos passou a carreira realizando avanços em redes neurais. Durante um tempo, foi diretor de programa da Fundação Nacional da Ciência e usou o cargo para ajudar a financiar projetos que progrediam na pesquisa na área. Mas na década de 1970 Werbos chegou cedo demais. O trabalho dele não recebeu a atenção que merecia por mais de uma década — na verdade, Werbos fez a seguinte declaração a respeito daquele trabalho em 2023: "Quando propus a retropropagação pela primeira vez, ninguém acreditou no que eu dizia. Tive tantas discussões com tantas pessoas que disseram que era uma loucura. Demorou décadas para persuadi-las."

Werbos não foi o único cientista trabalhando naquela área na época. Em 1975, Stephen Grossberg já era professor-titular na Universidade de Boston, tendo feito descobertas importantes no uso de computadores para entender o cérebro e realizar neurociência teórica, que ficou conhecida como neurociência computacional. Em 1976, trabalhando com a colega Gail Carpenter, desenvolveu uma série de IAs de rede neural que chamou de ART (Teoria da Ressonância Adaptativa). Com a intenção de copiar a maneira como o cérebro funciona, os neurônios criados por eles aprendiam padrões sem serem

CAPÍTULO 010: 1970-1980 O PRIMEIRO INVERNO DA INTELIGÊNCIA ARTIFICIAL

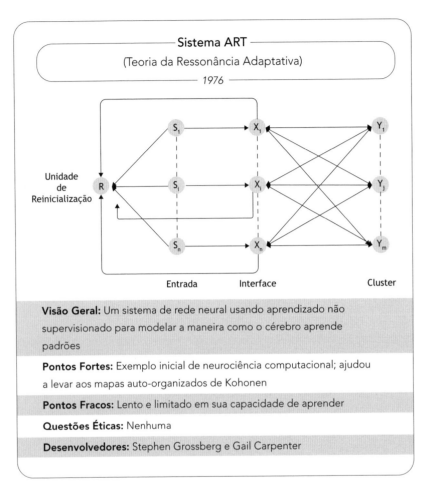

supervisionados. Em vez de serem explicitamente treinados de acordo com o sucesso com que produziam uma saída desejada — como acontecia com o aprendizado supervisionado —, os sistemas ART atualizavam os neurônios com base em quão bem os pesos de cada neurônio correspondiam a um vetor de entrada, com neurônios convergindo naturalmente para representar diferentes partes de um conjunto de dados. Várias IAs ART foram desenvolvidas ao longo dos anos, incluindo sistemas Fuzzy ART que usavam lógica fuzzy. Em 1980, ideias semelhantes foram usadas pelo cientista da computação finlandês Teuvo Kohonen no método criado por ele, chamado de mapa auto-organizável.

À medida que a década de 1970 chegava ao fim, as críticas à IA estavam ficando no passado. Havia novos e melhores computadores disponíveis. Novos pesquisadores estavam surgindo, motivados não apenas por tentar imitar o comportamento inteligente, mas também por tentar entender o funcionamento interno do cérebro. A inteligência artificial estava voltando.

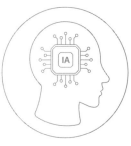

CAPÍTULO 011

1980-1990
O Nascimento da Nova Inteligência

Take On Me*

Com microcomputadores e dispositivos eletrônicos agora sendo produzidos em massa, os primeiros sintetizadores para uso em música se tornaram populares na década de 1980, o que anunciou um período de clássicos do synth-pop** (assim como muito jeans). Walkmans e sistemas de som portáteis se espalharam e aproximaram as pessoas da música. Os primeiros videocassetes se estabeleceram, com o VHS vencendo a corrida de formatos contra o Betamax. O CD também foi inventado para os audiófilos e significou o começo do fim do vinil — pelo menos pelos próximos trinta e pouco anos.

Enquanto a década de 1970 viu o surgimento dos primeiros computadores comerciais, os anos 1980 trouxeram uma explosão de computadores domésticos; agora as famílias eram capazes de comprar computadores e consoles de jogos. A Internet se tornou uma realidade a partir de meados da década de 1980, e o início da World Wide Web ocorreu no final da década

---

* Citação à clássica canção synth-pop de 1985 do grupo norueguês a-ha, cujo título e refrão querem dizer algo do tipo "tenha um relacionamento comigo/me aceite como parceiro(a)/ Me dá uma chance". (N.T.)
** Gênero de música pop em que os sintetizadores são protagonistas. Entre os grupos de destaque, fizeram sucesso New Order, a-ha e Information Society. (N.T.)

no CERN.* Pela primeira vez, os computadores começaram a ser usados na indústria cinematográfica para efeitos especiais: uma nave espacial executava metamorfoses em *O Voo do Navegador*, efeitos de água impressionaram em *O Segredo do Abismo*, e um filme inteiro foi ambientado dentro de um computador em *Tron — Uma Odisseia Eletrônica*.

A população estava cada vez mais familiarizada com a tecnologia e ansiosa pelos aparelhos mais recentes. Era o ambiente perfeito para uma nova onda de métodos de IA emergir.

Salas Chinesas

Mas nunca foi um céu de brigadeiro para os pesquisadores de inteligência artificial. O filósofo americano John Searle sempre foi um pensador um pouco do contra na Universidade da Califórnia em Berkeley, onde era professor. Ele se juntou ao Movimento pela Liberdade de Expressão na década de 1960 e desafiou as regras de controle de aluguel de Berkeley nos anos 1980.

Em 1980, escreveu uma crítica inovadora aos sistemas de IA da época. Não gostava do uso do termo "inteligência artificial forte", que parecia afirmar que se um computador pudesse se comportar como se tivesse uma mente, então ele possuía uma. Se parece um pato e grasna como um pato, então é um pato. Searle criou um experimento mental para provar que essa ideia estava equivocada.

Searle imaginou uma IA dentro de uma sala que pudesse se comportar como se entendesse perfeitamente a língua chinesa. Ao ser alimentada com caracteres chineses em papel através de uma fenda, a IA produziria respostas em chinês em novos pedaços de papel. Ela era capaz de conversar perfeitamente em chinês usando esse método e parecia tão natural quanto qualquer ser humano ao conversar; a IA passava facilmente no Teste de Turing. Searle então perguntou: essa IA realmente entende chinês (IA Forte) ou está apenas simulando uma habilidade de conversar em chinês (IA Fraca)?

Searle então se imaginou dentro de uma sala. Pegava pedaços de papel por uma fenda na porta, procurava os símbolos que via em um arquivo e seguia as instruções sobre quais símbolos deveria colocar para fora pela fenda

---

* A Organização Europeia para a Pesquisa Nuclear, considerado o maior e mais avançado centro científico do mundo. (N.T.)

novamente. Searle estava efetivamente seguindo o programa da IA manualmente. Em nenhum momento entendia o que qualquer um dos símbolos significava. Estava apenas seguindo as regras. Searle sugeriu que não havia diferença na maneira como ele estava se comportando dentro de sua sala chinesa em comparação com a IA. Assim sendo, se ele não entendia chinês, a IA também não. Só poderia ser uma coisa: a IA estava simulando a habilidade de conversar em chinês — IA Fraca. Pode parecer um pato e grasnar como um pato, mas não é um pato.

Para as inteligências artificiais simples que operavam usando processamento simbólico, o argumento de Searle era convincente. Essas IAs simplesmente embaralhavam símbolos e não faziam ideia de como tais símbolos ou as regras que elas seguiam correspondiam a qualquer coisa em nosso mundo físico. Contudo, cientistas cognitivos passaram muitas décadas contra-argumentando para provar que Searle estava errado. Por exemplo, substitua Searle dentro da Sala Chinesa por um cérebro humano de um falante de chinês e observe atentamente os neurônios individuais. Algum neurônio entende chinês? No entanto, ao trabalhar juntos, eles conseguem ter essa compreensão. Se um computador construiu seu conhecimento e comportamento usando programas que funcionavam dessa maneira, por que ele não entenderia chinês tão bem quanto um cérebro humano?

Pensando com Neurônios

Em 1982, o frio inverno da IA chegou ao fim, motivado em parte por um novo tipo de rede neural. Como muitos dos avanços que surgiram no campo das redes neurais, o inventor do método geralmente estava um pouco à frente de seu tempo e não recebeu o reconhecimento que merecia. Neste caso, o pioneiro japonês Shun'ichi Amari (ver capítulo 001) criou em 1972 um tipo de rede neural que se comportava como uma memória. Contudo, foi somente quando John Hopfield criou a própria versão em 1982 que o campo percebeu.

John Hopfield foi um cientista americano multidisciplinar, cuja carreira abrangeu física, química e biologia. Ele estava interessado na maneira como o funcionamento do cérebro seria parecido às redes vistas na física. Já estava estabelecida a ideia de um modelo de Ising (batizado em homenagem ao físico Ernst Ising): um modelo matemático usado na física para explicar *transições de fase* (uma mudança dramática de estado). Por exemplo, um metal ferroso recém-criado pode começar em um estado em que muitas partes diferentes dele são magnetizadas em polaridades opostas. Mas cada pequeno elemento (dipolo magnético) afetará um ao outro até que todos eles tendam a se alinhar, concordando com a mesma polaridade. O modelo de Ising é um modelo matemático que imita esse processo. Ele usa uma grade de células bem parecidas com autômatos celulares, onde cada elemento da grade pode representar um ou outro estado. Cada elemento pode interagir com os vizinhos, e o resultado é que todos eles tendem a relaxar em um estado em que

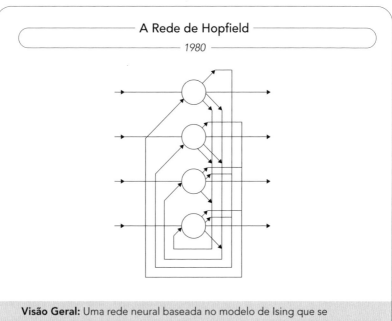

A Rede de Hopfield
1980

Visão Geral: Uma rede neural baseada no modelo de Ising que se comporta como memória associativa

Pontos Fortes: Ajudou a dar o pontapé inicial na pesquisa de rede neural novamente na década de 1980

Pontos Fracos: Capaz de convergir incorretamente e produzir padrões espúrios; limitado em capacidade e precisão de recordação

Questões Éticas: Nenhuma

Desenvolvedores: John Hopfield (conceito original de Shun'ichi Amari)

concordam entre si. Hopfield se perguntou se essa mesma ideia poderia se aplicar ao cérebro, especialmente em relação à memória.

Hopfield então construiu uma rede neural baseada no modelo de Ising. Apenas uma camada de neurônios totalmente conectados foi usada (o que significa que a saída de cada neurônio é conectada à entrada de cada neurônio, em uma rede recorrente). Cada neurônio está disparando ou não, e a lista (vetor) de um ou zero estados de neurônio para cada entrada representa o estado da rede geral. A rede é treinada atualizando os pesos dos neurônios de acordo com a lei de associação de Hebb (ver capítulo 000). Os pesos então forçam os neurônios a se estabelecerem nos estados certos para representar a saída desejada, para uma entrada dada à rede. Os pesos de cada conexão representam informações sendo armazenadas.

O resultado é um tipo estranho de rede neural que age como uma memória associativa. É como se a pessoa se lembrasse do nome completo de um filme quando ouve apenas parte do título: *De Volta para...* Uma vez treinado, é possível fornecer à rede uma entrada vaga ou parcial e ela lhe dará a resposta completa: *De Volta para o Futuro.* Hopfield até mostrou que era possível fazer a rede otimizar problemas — diga a ela o objetivo e quaisquer restrições, e os neurônios poderiam se estabelecer em um estado onde o objetivo fosse atingido e as restrições, satisfeitas.

A rede ficou conhecida (talvez de uma maneira um pouco injusta) como Rede de Hopfield.

Pensamento Reforçado

A pesquisa de redes neurais continuou a se expandir com outra IA fundamental sendo criada no ano seguinte, em 1983. Após um doutorado em autômatos celulares, Andrew Barto, cientista da computação americano da Universidade de Massachusetts, passou a se interessar por redes neurais e, junto com seus primeiros alunos do doutorado, Richard Sutton e Chuck Anderson, desenvolveu um novo tipo de arquitetura de rede neural que se baseou no trabalho de outros pesquisadores, como Widrow (ver capítulo 001).

Barto estava interessado em aprendizado não supervisionado, especificamente a ideia de aprendizado por reforço — a rede neural deve obter feedback ao testar seu comportamento, e se esse comportamento parecesse estar melhorando, então deveria fazer mais do mesmo; se o comportamento estivesse piorando, não deveria mais fazer isso. Eles imaginaram a tarefa de um carrinho equilibrando um poste no topo. O carrinho poderia se mover para a esquerda ou direita, e os movimentos tentariam manter o poste equilibrado. Caso se movesse para a esquerda rapidamente, o poste tombaria para a direita. Mas se o poste começasse a tombar para a direita, se mover para a direita talvez pudesse corrigir o movimento e mantê-lo em pé. É um tipo ideal de problema para aprendizado por reforço, pois pode fornecer feedback constante a respeito do desempenho da rede neural enquanto ela move o carrinho.

Barto sabia que as redes neurais convencionais tinham um pouco de dificuldade com esse problema. Inspirado por ideias de aprendizado com animais, criou um tipo de rede neural dois em um, composta por um *ator* e um *crítico*. A rede neural do ator (elemento de busca associativa, ou ASE,

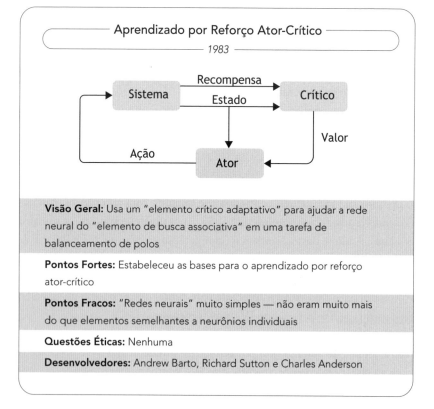

em inglês) se comportaria normalmente, recebendo entradas do ambiente (o estado atual do carrinho e do poste) e agindo para mover o carrinho a fim de tentar equilibrar o poste. Barto tornou o problema mais difícil ao fornecer apenas um feedback limitado: um erro quando o poste estivesse prestes a cair ou quando o carrinho tivesse chegado ao fim da trilha. Ele então acrescentou o crítico (elemento crítico adaptativo, ou ACE, em inglês): uma rede neural que aprendeu a preencher as informações ausentes e descobrir como o ator estava se saindo. O resultado foi surpreendentemente bom — a colaboração entre as duas redes neurais resultou em um controle muito melhor em comparação a uma tentativa anterior de outros pesquisadores.

O aprendizado por reforço ator-crítico foi lançado a partir desse começo promissor, e seus inventores continuaram trabalhando no campo pelo resto da carreira. Mais de trinta anos depois, em 2016, uma nova maneira de treinar redes ator-crítico acabou sendo inventada, conhecida como Ator-Crítico de Vantagem Assíncrona (A3C, em inglês), com o resultado de que o progresso nessa forma de aprendizado por reforço daria um salto adiante.

Mas os anos 1980 foram uma boa década para o aprendizado por reforço em geral. Chris Watkins, um cientista da computação britânico, passou os anos de pós-graduação estudando como as crianças aprendiam, passando tarefas para elas e tentando entender como melhorar o aprendizado. Watkins foi inspirado pelo modelo ator-crítico de Sutton e Barto e estava ciente de que os ecologistas comportamentais estavam imitando o comportamento animal usando programação dinâmica. Então, para o doutorado, Watkins desenvolveu a própria forma de aprendizado por reforço que fazia uso de programação dinâmica. Ficou conhecido como Q-Learning.*

Watkins usou a ideia de um Processo de Decisão de Markov (MDP, em inglês) — é um pouco parecido com a máquina de estados finitos (ver capítulo 010), só que em vez de representar um sistema como um conjunto de estados finitos com transições determinísticas entre eles, o MDP alterna entre estados com base em probabilidades. Se a probabilidade de alternar o estado for sempre 1, então o MDP age como uma máquina de estados finitos. Mas na maioria das vezes o MDP usa probabilidades diferentes. Uma IA que use um MDP deve descobrir qual ação tomar para cada estado em que está. Isto é conhecido como encontrar a política certa. Visto que há sempre muita

---

* "Aprendizado Q", mas nenhuma literatura usa o termo traduzido. (N.T.)

matemática envolvida, isso significa encontrar a função de política certa para mapear de estados para ações.

Watkins pegou essa ideia e levou adiante ao sugerir que era possível usar um novo conjunto de valores, conhecidos como valores Q, para descobrir a qualidade de uma ação a partir de um determinado estado. Esses valores são calculados observando a "diferença temporal" entre o valor do estado e ação atuais e os anteriores. A IA usa aprendizado por tentativa e erro para descobrir o que fazer, enquanto constrói uma "tabela Q" de valores Q para armazenar resultados anteriores (pegando emprestado truques da programação dinâmica). Ela aprendia sem nem se preocupar com políticas certas como aquele MDP irritante. Ela não precisava se preocupar com probabilidades de transição ou recompensas esperadas para o MDP. O resultado foi uma IA que

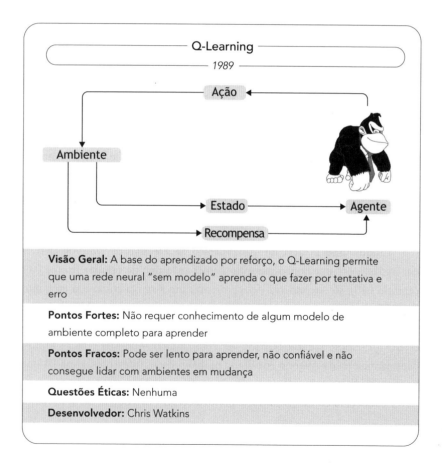

descobria o que fazer por tentativa e erro — aprendendo o que funciona em que momento, e o que não funciona, assim como nós, sem ter um modelo explícito do mundo.

Claro que o Q-Learning não era perfeito. Ele efetivamente encadeia uma série de palpites, e se os palpites anteriores em relação a qual ação tomar estivessem errados, a pessoa poderia ficar sem descobrir por um momento — o que significa que a IA leva muito tempo para aprender com o erro, especialmente se a pessoa estiver tentando usar o Q-Learning para aplicações práticas, como controle de robôs. Operando "fora da política", ele não está explicitamente tentando encontrar a política MDP ideal —, então, às vezes, pode acabar calculando soluções completamente erradas. E se o ambiente estiver mudando (o que era uma boa ação a ser tomada cinco minutos atrás já não é uma boa ação agora), o Q-Learning simplesmente não consegue lidar. Embora pesquisadores posteriores tenham adicionado uma quantidade enorme de computação e novos algoritmos de aprendizado profundo para tentar ajudar, a maioria desses problemas fundamentais nunca foi embora de fato.

Retropropagando

Paul Werbos pode ter publicado seu trabalho a respeito de retropropagação para treinamento de redes neurais em 1974 (ver capítulo 010), mas foi somente doze anos depois que uma análise experimental foi publicada no influente periódico *Nature* pelo psicólogo David Rumelhart e pelos cientistas da computação Geoff Hinton e Ronald Williams. O artigo descreveu o método como um "novo procedimento de aprendizado" e, embora tenham citado o trabalho de Minsky e Rosenblatt, Werbos não foi creditado — um descuido que o cientista britânico Hinton tentou corrigir mais tarde, dizendo: "Muitas pessoas inventaram versões diferentes de retropropagação antes de David Rumelhart. Elas eram basicamente invenções independentes, e acho que recebi muito crédito por isso. Vi a imprensa dizendo que eu inventei a retropropagação, e isto é totalmente errado. É um desses casos raros em que um acadêmico acha que recebeu muito crédito por alguma coisa!"

Inventores originais ou não, o artigo de 1986 do trio na *Nature* foi amplamente divulgado e causou um grande rebuliço no campo da pesquisa de redes neurais. De repente, a IA estava de volta, e estava sendo alimentada por neurônios.

Em 1989, os pesquisadores progrediram tanto que a primeira aplicação prática de redes neurais multicamadas estava surgindo. O cientista da computação francês Yann LeCun concluiu o doutorado em 1987 (durante a pesquisa, ele também inventou de forma independente o algoritmo de retropropagação — e foi citado pelo artigo de Rumelhart). Foi trabalhar nos Laboratórios Bell da AT&T em Nova Jersey, EUA, onde desenvolveu sistemas para ler caligrafia — uma tarefa complicada, dada a enorme diversidade de instrumentos de escrita e estilos de caligrafia. LeCun e os colegas decidiram que era necessário um novo tipo de rede neural, que operasse de forma semelhante ao córtex visual em nossos cérebros. Batizou a rede neural de LeNet.

A LeNet usava retropropagação para aprender os pesos de um tipo bem diferente de rede. Agora conhecida como rede neural convolucional (CNN, em inglês), ela funciona se concentrando em uma pequena área da imagem (apenas um quadrado de 3x3 ou 5x5 pixels) com o campo receptivo e varrendo essa pequena janela (ou *detector de feição*) da esquerda para a direita, de cima para baixo, até que toda a imagem tenha sido "visualizada" (ocorreu uma *convolução*). Cada vez que o detector de feição "olha" para um pequeno segmento novo da imagem, atribuirá ao que vê um valor de resumo ou *feição convoluída*. Ao usar vários detectores de feição, é possível encontrar mais coisas na imagem — talvez um detector para valores vermelhos, um para verdes e um para azuis. Execute outra convolução (pegue os valores de resumo de saída e trate-os como uma versão de resolução mais baixa da imagem original e aplique mais detectores de feição) e será possível ajudar a rede a aprender que pequenas feições são combinadas para criar feições maiores. Uma imagem de um ônibus é feita de linhas que juntas formam formas, que formam rodas, janelas e carroceria, que juntas formam o ônibus.

Depois de terminar de convoluir a imagem, o resultado é então passado por uma função de ativação para acrescentar alguma não linearidade essencial que torna as redes neurais poderosas, depois é passado por meio de camadas de agrupamento que reduzem ainda mais a amostragem da imagem, pegando o valor máximo daqueles produzidos pelos campos receptivos (agrupamento máximo) ou a média dos valores (agrupamento médio) para reduzir ainda mais a quantidade de informações. Passe todos esses valores por um monte de camadas ocultas (múltiplas camadas de neurônios totalmente conectados)

CAPÍTULO 011: 1980-1990 O NASCIMENTO DA NOVA INTELIGÊNCIA 87

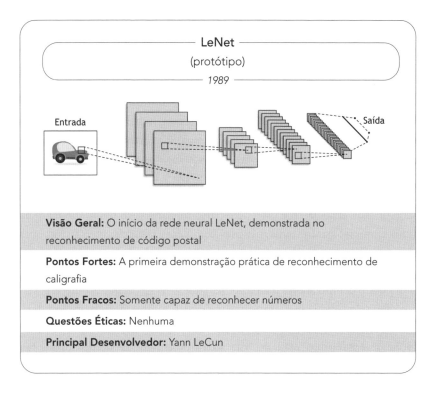

e depois finalmente conecte a saída da última camada à camada de saída, que será o conjunto de neurônios que "falam" diretamente com a pessoa.

Embora seja uma arquitetura complicada (arranjo de neurônios), por baixo de toda a complexidade havia perceptrons multicamadas conhecidos, e, assim sendo, LeCun foi capaz de usar a retropropagação para treinar sua sofisticada rede neural. Levou três dias — o que foi considerado muito bom —, e o resultado foi que a LeNet realmente conseguia ler a escrita humana. Ou pelo menos números de código postal manuscritos fornecidos pelo correio americano. Após rejeitar 12% dos dígitos que não conseguia entender, a IA atingiu 99% de precisão. Uma vez treinada, a LeNet era capaz de classificar cerca de dez dígitos por segundo.

Poucos anos depois, a LeNet 5 era uma CNN completa, de 7 níveis, que realizava com sucesso o reconhecimento óptico de caracteres para cheques (uma solução que logo foi amplamente usada na década seguinte no setor bancário).

A IA Está de Volta à Ativa

A década de 1980 estava se revelando uma boa década para a inteligência artificial. Além dos avanços com redes neurais, outros avanços importantes foram feitos. O recozimento simulado foi apresentado em 1980 — um método de busca um pouco parecido com o algoritmo genético que encontra boas soluções para problemas difíceis —, desta vez com base na maneira como o metal é recozido. (Como a agitação de moléculas de metal, soluções candidatas são aleatoriamente "agitadas" em movimentos cada vez mais intensos até que uma solução perfeita seja encontrada.) Em 1986, Chris Langton, aluno de doutorado de John Holland, começou um novo tipo de IA que chamou de vida artificial. Ele usou autômatos celulares (não muito diferente de John Conway) para estudar sistemas complexos e sugeriu que os sistemas vivos existiam num fio de navalha entre a ordem e a desordem: à beira do caos. ALife* logo se tornou um campo de pesquisa por si só, em que pesquisadores usam computadores para fazer perguntas "E se?/O que aconteceria se?" a respeito da vida: E se as primeiras moléculas autorreplicantes fossem diferentes? E se a evolução em um computador pudesse ajudar a explicar a evolução de organismos naturais? Ela atraiu pesquisadores de disciplinas tão diversas quanto química e filosofia e continua atraindo até hoje.

Mas a IA convencional ainda funcionava por processamento simbólico e era, basicamente, composta por sistemas especialistas. Muitos dos sistemas especialistas que começaram a vida na década de 1960 foram desenvolvidos sem alarde por vinte anos e eram considerados sistemas de IA maduros e altamente bem-sucedidos. As empresas agora consideravam os sistemas especialistas como a tecnologia do momento, e dois terços das empresas da Fortune 500** aderiram à onda — fazendo uso de sistemas especialistas em seus negócios.

A IBM era uma dessas empresas. Tendo feito a transição de máquinas de tabulação de dados para tecnologia de computadores nas décadas de 1950 e 1960, a IBM se estabeleceu como líder em soluções de computação empresarial. Ela queria continuar expandindo a reputação e ouviu falar de um programa de pesquisa na Universidade Carnegie Mellon, onde uma equipe de

---
* ALife de "Artificial Life" ou vida artificial. (N.T.)
** A Fortune 500 é uma lista anual compilada e publicada pela revista *Fortune* que contém as 500 maiores corporações dos EUA. (N.T.)

ChipTest
(mais tarde conhecido como Deep Thought e Deep Blue)
1985–1997

Visão Geral: Hardware otimizado para pesquisar meio milhão de movimentos de xadrez por segundo; posteriormente atualizado para ser ainda mais rápido

Pontos Fortes: A primeira IA a derrotar um grande mestre de xadrez (com o passar do tempo)

Pontos Fracos: Abordagem de força bruta* para jogar

Questões Éticas: Nenhuma

Desenvolvedores: Feng-hsiung Hsu, Thomas Anantharaman, Murray Campbell, Arthur Joseph Hoane

cientistas da computação havia construído novos chips que permitiam que um computador pesquisasse movimentos de xadrez mais rápido do que nunca. Os pesquisadores chamaram a IA de "ChipTest". Em 1987, uma versão depurada chamada ChipTest-M venceu o Campeonato Americano de Xadrez de Computador. A equipe continuou trabalhando e montou um irmão mais velho do ChipTest, chamado Deep Thought (batizado em homenagem à inteligência artificial fictícia do *Guia do mochileiro das galáxias*).

---

* Força bruta (ou busca exaustiva) é um tipo de algoritmo de uso geral que consiste em enumerar todos os possíveis candidatos de uma solução e verificar se cada um satisfaz o problema. A força bruta costuma ser usada em problemas cujo tamanho é limitado ou quando não se conhece um algoritmo mais eficiente. (N.T.)

Em 1989, como ele venceu o Campeonato Mundial de Xadrez de Computador, seus criadores colocaram o Deep Thought contra o grão-mestre Garry Kasparov. A IA perdeu por 2 a 0. Depois de concluir seus doutorados, a equipe foi convencida a trabalhar na IBM com o objetivo de derrotar um campeão mundial de xadrez. Isso só aconteceria em 1997, com seu novo nome: "IBM" Deep Blue.

O ChipTest e seus sucessores eram IAs dedicadas ao xadrez. Eles usaram um "livro de abertura" semelhante a um sistema especialista contendo um enorme número de exemplos de boas aberturas (os primeiros movimentos do xadrez) para que não caíssem em armadilhas fáceis quando o número de peças no tabuleiro ainda fosse alto e o número possível de movimentos ainda fosse astronômico. Uma vez que isso foi esgotado, a equipe usou busca bruta pura para examinar movimentos possíveis um por um a fim de encontrar o movimento certo (usando o algoritmo minimax, ver capítulo 000). A versão final foi capaz de olhar de seis a vinte movimentos à frente, considerando bilhões de alternativas.

A Explosão de IAs Especialistas

O Japão não ficaria para trás na nova corrida pela excelência tecnológica. Eles também gostavam da ideia de que hardware de computador personalizado poderia ser a solução para tornar a IA mais rápida e ainda mais lucrativa. Assim sendo, em 1982, o Ministério do Comércio Internacional e Indústria anunciou que investiria no desenvolvimento de máquinas para computação paralela massiva* a fim de rodar linguagens baseadas em lógica, como Prolog. Um novo "instituto para tecnologia de computadores de nova geração" foi criado, que trabalhou com oito fabricantes de computadores no Japão e muitos dos principais institutos de pesquisa japoneses. O projeto de Sistemas de Computadores de Quinta Geração durou pelos próximos doze anos, com um investimento de cerca de 57 bilhões de ienes (cerca de 400 milhões de

---

* Computação paralela massiva é uma forma de computação em que vários cálculos são realizados ao mesmo tempo, operando sob o princípio de que grandes problemas geralmente podem ser divididos em problemas menores, que a seguir são resolvidos concorrentemente. Para realizá-la, é preciso contar com um alto número de processadores operando ao mesmo tempo. Os valores podem variar de dezenas de milhares a dezenas de milhões (N.T.)

dólares). Uma série de IAs foram criadas, chamadas de Máquinas de Inferência Paralela (PIMs, em inglês). As cinco máquinas personalizadas (PIM/m, PIM/p, PIM/i, PIM/k, PIM/c) foram otimizadas para executar linguagens de programação lógica e sistemas especialistas (aplicativos como o *Kappa*, um sistema de gerenciamento de banco de dados paralelo, e *MGTP*, um provador de teoremas automatizado).

Não querendo ficar para trás, os Estados Unidos anunciaram a própria iniciativa de computação estratégica em 1983, que duraria uma década. O objetivo desse exercício de financiamento de bilhões de dólares era criar uma "inteligência de máquina completa" dando aos computadores a capacidade de "ver, ouvir, falar e pensar como um humano". Centenas de projetos acadêmicos e industriais foram financiados, incluindo os primeiros esforços para desenvolver veículos autônomos.

Enquanto isso, as equipes envolvidas com sistemas especialistas bem-sucedidos criaram startups para comercializar as tecnologias de IA subjacentes. A Teknowledge Inc retirou as regras de diagnóstico médico do MYCIN e licenciou o sistema especialista vazio de E-MYCIN. A IntelliGenetics tentou vender o MOLGEN e mais tarde também licenciou seu shell* de sistema especialista e rebatizou a empresa como IntelliCorp. O Carnegie Group tentou generalizar o XCON. E a lista de startups na década de 1980 continuou crescendo: a Neuron Data fez o Nexpert, um sistema especialista que rodava no Macintosh; a AION criou o próprio sistema especialista com o mesmo nome; havia até uma empresa com o infeliz nome de AIDS (Sistemas de Decisão via AI, em inglês).

Com tanto investimento se acumulando nas novas empresas de sistemas especialistas, e o Japão investindo pesadamente nas PIMs que executariam sistemas especialistas de forma mais rápida e melhor, também parecia haver uma oportunidade para empresas ganharem dinheiro apoiando a nova indústria emergente por intermédio do lançamento de hardware personalizado. Uma série de empresas foi criada para executar LISP de forma mais rápida. A mais conhecida delas teve origem no trabalho de Richard D. Greenblatt no MIT na década de 1970, onde ele desenvolveu pela primeira vez novas arquiteturas de computadores dedicados para acelerar o processamento da

---

* Shell é um programa que permite o acesso e envio de informações ao sistema operacional através de um terminal ou interface gráfica. (N.T.)

linguagem LISP. O trabalho ficou conhecido como MIT LISP Machine Project e levou a uma empresa derivada do MIT, a Symbolics, Inc (a mesma que comercializou o MACSYMA por um breve período), que lançou em 1981 sua máquina LISP dedicada, a LM-2, seguida por uma série de máquinas LISP muito bem-sucedidas durante grande parte da década de 1980 (as máquinas LISP da série 3600).

Essa não foi a única empresa de hardware bem-sucedida. Danny Hillis, um aluno de Marvin Minsky e Claude Shannon no MIT, teve algumas ideias ambiciosas a respeito da criação de uma arquitetura de máquina para computação paralela massiva. Hillis a chamou de Connection Machine, e não apenas seu doutorado a respeito do tema ganhou o prêmio de dissertação da ACM (Association for Computing Machinery*) de 1985, como também fundou uma empresa chamada Thinking Machines Corporation, que recrutou inúmeras mentes brilhantes (incluindo Richard Feynman). Hillis e equipe montaram alguns dos computadores mais rápidos do mundo e foram pioneiros em muitas ideias de computação paralela ainda em uso hoje, com foco em aplicações LISP e IA. Seu primeiro lançamento comercial foi o CM-1, seguido pelo CM-2, CM-200 e CM-5. Os computadores se tornaram amplamente usados na década de 1980 e, talvez por causa da aparência futurística, apareceram até mesmo em filmes — em *Jurassic Park - O Parque dos Dinossauros*, o vídeo de clonagem de dinossauros menciona o uso de supercomputadores Thinking Machines, e é possível ver oito modelos na sala de controle do parque.

Uma Segunda Onda de Frio

Com tanto entusiasmo e centenas de milhões sendo investidos, a inteligência artificial convencional voltou a vencer. Mas a popularidade recém-descoberta rapidamente começou a preocupar aqueles que ainda estavam aquecendo as mãos após terem sido congeladas pelo inverno da IA dos anos 1970. Já em 1984, com o último inverno mal terminando, os pesquisadores de IA estavam ponderando se o atual frenesi envolvendo sistemas especialistas duraria. Um debate realizado na conferência AAAI de 1984 mostrou alguns lampejos

---

* Associação para Máquinas de Computação. (N.T.)

CAPÍTULO 011: 1980-1990 O NASCIMENTO DA NOVA INTELIGÊNCIA

de ideias fascinantes na época. A introdução feita pelo cientista da computação de Yale Drew McDermott quase disse tudo:

> Apesar de toda a agitação comercial em torno da IA atualmente, há um clima que tenho certeza de que muitos de vocês conhecem bem, um clima de profundo incômodo entre os pesquisadores de IA que estão por aí há pelo menos quatro anos. Esse incômodo se deve à preocupação de que talvez as expectativas a respeito da IA sejam muito altas e que elas acabarão resultando em desastre.
>
> Para esboçar o pior cenário possível, suponha que daqui a cinco anos a iniciativa de computação estratégica entre em colapso completo, pois os veículos autônomos não conseguem rodar. A quinta geração acaba não chegando a lugar nenhum, e o governo japonês imediatamente abandona a computação. A startup toda fracassa...
>
> Não creio que esse cenário seja muito provável de acontecer, nem mesmo uma versão mais branda dele. Mas há nervosismo, e acho importante que tomemos medidas para garantir que o "Inverno da IA" não aconteça — disciplinando a nós mesmos e educando o público.

Roger Schank, diretor do novo Projeto de Inteligência Artificial de Yale, relatou algumas conversas recentes no mesmo debate:

> Eu estava conversando com Oliver Selfridge, contando a respeito da minha nova empresa de software educacional. Falei: "Bem, ela de fato não tem nada a ver com IA, exceto que alguns dos softwares que projetamos têm a ver com coisas como ensino, leitura e raciocínio e vêm de ideias que tivemos em IA, mas não há, de forma alguma, IA nos programas." E ele disse: "Ah, mais ou menos como sistemas especialistas, hein?"
>
> ... A segunda conversa que eu tive foi com o dono de uma imobiliária que tinha doutorado em biologia. Ele queria construir um parque industrial de sistemas especialistas; todas as empresas do parque estariam fazendo sistemas especialistas. Falei: "Acho que você procurou a pessoa errada, pois eu não acredito muito em sistemas especialistas." "Como você pode dizer isso?", retrucou ele. "Fazer com

que os computadores copiem tudo o que alguém sabe; colocar todo o conhecimento dentro dele e fazer com que a coisa seja igual a uma pessoa — isto é ótimo." Eu respondi: "Sim. Mas ainda não sabemos como fazer isso." E ele: "Não sabemos, mas é isso que os sistemas especialistas são."

E esse era exatamente o problema.

Suposições Erradas

Ainda eram os anos 1980. Não havia uma World Wide Web contendo o conhecimento do mundo para ser minerado. A maioria das informações úteis ainda era armazenada em papel ou na mente de especialistas humanos. Não havia dados prontamente disponíveis para sistemas especialistas. Aqueles poucos sistemas especialistas que provaram seu valor levaram duas décadas de trabalho para serem alimentados com informações, arduamente inseridas por equipes de experts em domínio e computação. Mesmo quando recebiam informações a respeito de um tópico, ainda assim os sistemas especialistas nem sempre conseguiam raciocinar corretamente e podiam fornecer respostas incorretas. Realmente não importava se a pessoa comprasse um "sistema especialista vazio" para seu negócio. Não importava se ele estava sendo executado em hardware otimizado. Quanto tempo e mão de obra custariam para que as informações a respeito de seu negócio fossem inseridas — se fosse possível recuperá-las e codificá-las corretamente? E se a pessoa se desse ao trabalho de criar milhares de regras dentro do sistema especialista, quanto tempo e dinheiro seriam necessários para manter a base de regras?

Também havia perguntas e questionamentos fundamentais sendo feitos a respeito de todo o conceito de IA simbólica. Em 1988, uma série de artigos de retrospectiva foi redigida para resumir o progresso até então. Em um dos artigos, o filósofo e cientista da computação Hilary Putnam escreveu: "Atualmente, a conquista mais elogiada da IA são os 'sistemas especialistas'. Contudo, tais sistemas (que, no fundo, nada mais são do que ferramentas de busca de banco de dados de alta velocidade) não são modelos para nenhuma capacidade mental interessante." Em outro artigo, Hubert Dreyfus (filósofo e crítico de longa data da IA) escreveu: "A abordagem do sistema de símbolos físicos parece estar fracassando porque é simplesmente falso supor que deve haver uma teoria para cada domínio."

As duras realidades dos sistemas especialistas começaram a se fazer sentir no final dos anos 1980 e no início dos anos 1990. Uma após outra, as startups de sistemas especialistas fracassaram. O projeto de Sistemas de Computadores de Quinta Geração no Japão chegou ao fim com os computadores PIM já parecendo obsoletos, pois os computadores convencionais se tornaram bem mais rápidos nesse meio-tempo. As Máquinas LISP da Symbolics sofreram o mesmo destino: suas vantagens competitivas não duraram mais do que alguns anos, até que computadores convencionais e avanços em compiladores as tornassem obsoletas. Até mesmo a incrível Thinking Machines Corp não conseguiu se manter à tona, apesar de continuar a fazer alguns dos supercomputadores mais rápidos do mundo. Em 1994, estavam falidos e foram vendidos para a Sun Microsystems.

Em 1987, houve uma mudança de liderança no Information Processing Techniques Office (IPTO),* e foi tomada a decisão de cortar drasticamente o financiamento para as partes que envolviam inteligência artificial na Iniciativa de Computação Estratégica nos Estados Unidos. O programa não correspondeu às expectativas e foi marcado por comunicação e colaboração precárias entre projetos e pela falta de progresso significativo.

Apesar do progresso contínuo no campo das redes neurais, agora a inteligência artificial significava sistemas especialistas. Se os sistemas especialistas falhassem, então a IA falharia. Como muitos dos capítulos da IA, tudo isso se mostrou um pouco injusto: os sistemas especialistas continuam a ser usados até hoje para certas aplicações de nicho nos bastidores. Mas como o garoto-propaganda da IA, eles não corresponderam às expectativas infladas dos investidores e financiadores de tantas empresas e projetos de pesquisa.

O financiamento secou no mundo inteiro. A inteligência artificial não era algo com que alguém respeitável quisesse se envolver. Não importava o que se fizesse em ciência da computação... contanto que não fosse chamado de inteligência artificial.

---

* Escritório de Técnicas de Processamento de Informações, em tradução livre. Era um braço da DARPA, a Agência de Projetos de Pesquisa Avançada de Defesa, do Departamento de Defesa dos EUA, responsável pela origem militar da Internet. (N.T.)

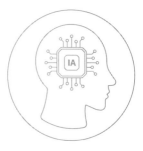

CAPÍTULO 100

1990-2000
Uma Segunda Onda de Frio

WWDábliu?
Em 1991, o CERN anunciou o projeto World Wide Web, e, de repente, o público tinha uma interface mais fácil para acessar a Internet por meio das primeiras páginas da web. Essas páginas primitivas eram lentas para serem carregadas, afinal a maioria dos internautas usava conexões discadas com velocidades de acesso bem limitadas (normalmente 9.600 bits por segundo, ou seja, uma página com uma imagem de 100 Kb levaria alguns minutos até aparecer, tempo que a pessoa ficava encarando a tela e tamborilando os dedos). Mas, à medida que as velocidades de conexão melhoravam, os sites foram o início de uma rápida revolução pontocom que provocaria uma enorme onda de criação de empresas online — que no final da década quebrariam repentinamente por causa da supervalorização e da empolgação das novas empresas de Internet. Algumas, como a Amazon, sobreviveram. A maioria, não.

Os computadores eram mais rápidos e estavam mais acessíveis do que nunca, e uma nova geração de jovens que cresceram na explosão dos computadores domésticos da década de 1980 estava entrando na universidade (ou criando startups que exploravam as oportunidades online). As primeiras câmeras digitais foram lançadas, o que deu início a uma tendência que fez com que as câmeras de filme tradicionais fossem superadas em vendas pelos modelos digitais em 2003.

Ainda não havia smartphones, a não ser por alguns computadores portáteis rudimentares, que cabiam na palma da mão e não tinham acesso à Internet. No início da década, os celulares ainda eram tijolões e só evoluíram para modelos flip em 1997. Quem quisesse fazer qualquer coisa com um computador, incluindo acessar a Internet, tinha que usar um desktop — invariavelmente uma caixa bege enorme e com um monitor bege gigante de raios catódicos que faziam a mesa gemer com o peso.

E conforme as empresas de sistemas especialistas foram sumindo e a IA foi ficando completamente fora de moda, um pesquisador ajudou a colocar mais um prego no caixão do processamento simbólico e do que viria a ser conhecido como "A Velha e Boa AI" (GOFAI, em inglês).

Elefantes Não Jogam Xadrez

O roboticista australiano Rodney Brooks obteve seu PhD em Stanford, seguido por cargos na Carnegie Mellon e na própria Stanford. Brooks entrou no MIT como docente em 1984 e em 1997 era diretor do Laboratório de Ciência da Computação e Inteligência Artificial do MIT.

Apesar de compartilharem a mesma instituição e os mesmos interesses e motivações, Marvin Minsky, o "pai da IA", e Rodney Brooks não concordavam exatamente. Minsky geralmente desdenhava do trabalho de Brooks e aparentemente não conseguia entender que pudesse haver visões alternativas válidas para a IA em comparação com a sua. Em um artigo de 1995, Minsky brincou com o trabalho de Brooks dando a seguinte citação: "Ajudarei sempre que eles tiverem uma ideia interessante. Isso pode acontecer a *qualqueeer* momento." (Minsky nunca colaborou com Brooks no projeto.)

Brooks também não tinha vergonha de dar suas opiniões. Em 1990, escreveu um artigo clássico (como ficou conhecido) intitulado "Elefantes Não Jogam Xadrez". Em uma crítica contundente à pesquisa de IA até aquele momento, argumentou que "a pesquisa de inteligência artificial naufragou em um mar de incrementalismo" e "a hipótese do sistema de símbolos em que se baseia a IA clássica está basicamente furada". Isto estava apenas nos três primeiros parágrafos do artigo. Brooks não só desmantelou as ideias de

"IA clássica" (como a chamou). Ele apresentou sua noção de "IA nouvelle", que explicou por meio de uma série de exemplos práticos de robôs que ele e seu grupo construíram no decorrer dos anos.

Em vez de tentar perceber os ambientes, transformar essas entradas em símbolos, processar esses sistemas e, então, transformar novamente a saída em comportamentos, Brooks sugeriu que símbolos e processamento simbólico não eram necessários. Segundo a experiência dele, métodos mais

---

Arquitetura de Subsunção
Robôs, incluindo: Allen, Tom e Jerry, Herbert, Genghis, Squirt, Toto, Seymour

1990

Visão Geral: Múltiplas Máquinas de Estado Finito "Aumentadas", vinculadas a sensores e atuadores com a capacidade de suprimir outros e passar mensagens, criaram uma inteligência de forma geral

Pontos Fortes: Um contraste revolucionário em relação à IA simbólica que funcionou para controle real de robôs

Pontos Fracos: Menos adequado para planejar ou formar novas representações do mundo

Questões Éticas: Nenhuma

Principal Desenvolvedor: Rodney Brooks

fundamentados em realidades físicas funcionavam melhor. Sensores podiam receber entradas de ambientes e, mediante processamento mínimo, seriam capazes de acionar os motores do robô. Se outros sensores detectassem um obstáculo, um módulo de software diferente poderia intervir, parar o robô e fazê-lo desviar. Brooks sugeriu que a inteligência poderia ser composta de camadas de comportamentos como esse; cada camada seria um módulo diferente que era fundamentado na realidade física, e cada uma com a capacidade de assumir o controle quando necessário. Não havia necessidade de construir modelos complicados do mundo baseados em símbolos. "O mundo é o melhor modelo de si mesmo. Ele está sempre atualizado", argumentou. "O truque é percebê-lo de maneira correta e com frequência suficiente." As ideias são muito semelhantes à maneira como as tartarugas de Grey Walter funcionavam na década de 1940 (ver capítulo 000).

Brooks era diferente da maioria dos pesquisadores de inteligência artificial até então, afinal, suas ideias funcionavam — e ele podia prová-las com seus robôs. Na verdade, as ideias funcionavam tão bem que Brooks criou uma empresa chamada iRobot em 1990 com dois alunos. Depois de começar vendendo os próprios projetos de robôs para pesquisadores, em 1998 fecharam um contrato com a DARPA para fazer o PackBot — robôs militares, que foram usados em zonas de guerra e de desastres naturais no mundo inteiro para procurar dispositivos explosivos improvisados ou vasculhar escombros. A empresa foi de sucesso em sucesso e ajudou a NASA a projetar os astromóveis que deram na missão Sojourner Mars em 1997. Em 2003, criaram o Roomba, o primeiro aspirador de pó robô, desencadeando uma nova categoria de eletrodoméstico. Em 2023, a Amazon havia oferecido mais de 1 bilhão de dólares para adquirir a empresa.

A arquitetura de subsunção também continuou a se desenvolver e acabou evoluindo para uma ideia conhecida hoje como árvores de comportamento, agora uma abordagem convencional para controlar robôs e os movimentos complexos de "personagens não jogáveis" (NPCs, em inglês) em videogames.

Robôs Fofinhos

Com microprocessadores prontamente disponíveis — e acadêmicos como Brooks demonstrando que era possível construir robôs com comportamentos complexos —, o inventor Caleb Chung conseguiu colocar suas próprias habilidades singulares para funcionar. Ele e o amigo Dave Hampton visitaram uma feira de brinquedos em 1997 e foram inspirados pelo sucesso do Tamagotchi (um "animal de estimação" digital num pequeno chaveiro com tela LCD). Os dois decidiram construir um "amigo" robô. Ele falaria, se comunicaria com os amigos, responderia a alguns comandos falados simples e mudaria lentamente da própria língua para o inglês (ou várias outras) com o passar do tempo. O robô moveria as orelhas, os olhos e a boca em forma de bico, teria um sensor de pressão no estômago e detectaria se fosse movido. Eles o chamaram de Furby. Com a ajuda do colega Richard Levy, Chung e Hampton o licenciaram para a Tiger Electronics e, em poucos meses, o robô foi lançado. Ele se tornou um enorme sucesso, com milhões de Furbies

Furby
1997

Visão Geral: Primeiro brinquedo robótico de estimação

Pontos Fortes: Usava processador comum e vários sensores com software baseado em heurística para dar a ilusão de aprendizado e inteligência; popular entre hackers que os reprogramavam sem parar

Pontos Fracos: Não aprendiam de verdade

Questões Éticas: As pessoas acreditavam que os Furbies estavam aprendendo palavras faladas ao redor

Desenvolvedores: Dave Hampton e Caleb Chung

vendidos no mundo inteiro. Este foi o primeiro animal de estimação robô e, embora tivesse comportamentos relativamente primitivos, as pessoas foram rapidamente enganadas a acreditar que o Furby era capaz de responder e se comportar de maneiras que ele não conseguia. A mudança lenta de falar a própria língua — o "furbês" — para o inglês, que tinha a intenção de imitar o processo de aprender a falar, enganou tanto os donos que algumas agências de espionagem baniram os Furbies dos escritórios, acreditando que eles poderiam gravar ou repetir frases faladas ao redor (algo que um Furby jamais seria capaz de fazer).

A Sony logo lançou o próprio cão de estimação robô, consideravelmente mais complexo, chamado AIBO (Artificial Intelligence RoBOt), em 1999. Construído por Toshitada Doi (um engenheiro também envolvido na criação do CD) e Masahiro Fujita, um especialista em IA, no Laboratório de Ciência da Computação da Sony, o AIBO foi o início de um novo tipo de IA — animais de estimação em forma de robôs para consumo doméstico.

Enquanto isso, Chung levaria adiante a carreira de inventor de robôs fofos e mais tarde criaria o robô dinossauro Pleo — um sofisticado robô de quatro patas equipado com sensores e câmeras.

Computadores Criativos

A inteligência artificial tradicional, que usava processamento simbólico, podia estar praticamente morta, mas isto não importava se a pessoa fizesse computação evolutiva. Essa nova comunidade estava bombando, com novas conferências surgindo na década de 1990 e inúmeras e novas variações de algoritmos evolutivos sendo inventadas. O artista britânico William Latham e o pesquisador da IBM Stephen Todd criaram um exemplo de computação evolutiva no final da década de 1980, quando colaboraram para viabilizar a visão de arte em evolução de Latham. Como estudante de arte, Latham havia elaborado penosamente suas regras de evolução no papel, com formas que se alteravam para outras formas de acordo com as próprias regras de transformação. Todd escreveu um programa chamado Mutator, que pegou as regras de Latham e permitiu que um computador evoluísse novas obras de arte bizarras e complexas. O Mutator apresentaria uma população de seis artes ao artista a cada geração, e o artista brincaria de "Deus" e escolheria aquelas artes que preferia como pais da próxima geração. Depois de iterar algumas vezes, o resultado era

> ## Mutator
> ### 1989
>
>
>
> **Visão Geral:** Sistema de arte evolucionária simples baseado em mutação que operava em representação complexa de formas abstratas
>
> **Pontos Fortes:** O primeiro e melhor sistema de arte evolucionária
>
> **Pontos Fracos:** Limitado às formas e transformações definidas por Latham
>
> **Questões Éticas:** Criou o primeiro dilema de autoria artística: a saída é sempre uma arte de Latham? É arte mesmo?
>
> **Desenvolvedores:** William Latham e Stephen Todd

uma arte evoluída para se adequar ao gosto do artista. (Foi uma ideia que o biólogo Richard Dawkins experimentou no livro *O relojoeiro cego* — escrever um pequeno programa evolucionário que desenvolvia uma série de "insetos".*) Embora o mundo da arte convencional não tenha aceitado a arte de Latham tão prontamente, ele logo conquistou uma espécie de status de cult com imagens evoluídas pelo Mutator que foram usadas como capa de disco da banda The Shamen em 1993.

---

* No caso, são insetos mesmo, e não bugs, como o termo em inglês (que também significa "insetos") para erros em um programa de computador. (N.T.)

Esse era um novo tipo de uso para a computação evolucionária. Em vez de otimizar uma solução existente, esses algoritmos agora estavam sendo usados para dar aos computadores algo parecido com criatividade. Eles estavam gerando novas soluções do zero. John Koza, um cientista da computação americano (e aluno de John Holland) que fez fortuna inventando a raspadinha da loteria, tinha a própria versão de algoritmo genético que ele chamava de programação genética (GP, em inglês). Era um novo tipo de algoritmo evolucionário que modificava representações semelhantes a árvores, com soluções sendo geradas ao cortar e trocar sub-ramos de árvores-mãe. Essas representações flexíveis podiam crescer em tamanho, permitindo que a GP representasse funções matemáticas ou programação de computador e, mais importante, permitindo que ela inventasse soluções maiores e mais complexas conforme necessário.

Koza lutou contra o que percebeu ser uma certa animosidade em relação à área dele e escreveu uma série de livros que demonstravam a gama de aplicações para as quais a GP poderia ser usada — desde escrever novas programações de computador até fazer novos circuitos de computador. Koza até patenteou ideias geradas por seu sistema, que ele gostava de chamar de Máquina de Invenção. Mais tarde, ele patrocinaria o "Prêmio Humano-Competitivo", onde pesquisadores que usassem GP para criar soluções tão boas quanto ou melhores do que as soluções humanas existentes ganhariam um prêmio em dinheiro — um prêmio anual concedido até hoje.

A ideia de criatividade produzida por computadores estava crescendo rapidamente no campo e em áreas correlatas, como a vida artificial. Karl Sims era um artista de mídia digital no MIT e ex-funcionário da Thinking Machines Corp, acostumado a trabalhar com alguns dos computadores mais poderosos da época. Ficou razoavelmente famoso com seus primeiros curtas de computação gráfica, como *Panspermia* (1990) e *Primordial Dance* (1991), que foram exibidos no mundo inteiro para o fascínio de públicos não acostumados a imagens inteiramente animadas por computador. No início da década de 1990, fez bom uso do acesso que tinha a supercomputadores e trabalhou com uma equipe para implementar uma nova obra de arte. Sims decidiu usar a evolução em um computador para evoluir "Criaturas Virtuais", que possuíam o próprio corpo e cérebro. Era uma ambição audaciosa para a época, que exigiu a simulação de um mundo virtual inteiro com suas leis da física e, em seguida, a geração das criaturas (formas em blocos) com cérebro

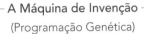

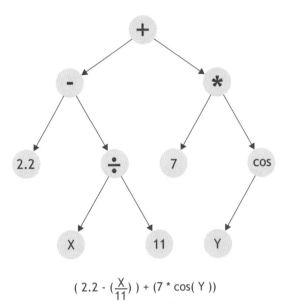

Visão Geral: Um algoritmo genético que operava representações estruturadas em árvore, usando principalmente operadores de mutação

Pontos Fortes: Capaz de gerar resultados mais complexos e inventar novas soluções para problemas

Pontos Fracos: Difícil de configurar, lutava para gerar soluções muito complexas, sofria de "inchaço" onde as soluções continuavam crescendo com regiões não utilizadas

Questões Éticas: Se um computador pudesse inventar, suas saídas poderiam ser reconhecidas e patenteadas?

Principal Desenvolvedor: John Koza

interno semelhante a redes neurais, e um pedaço de cérebro mantido em cada bloco. As formas cresceriam seguindo o próprio programa de desenvolvimento de Sims controlado pelos genes digitais das criaturas. Em vez de ter um artista brincando de "Deus" e escolhendo as criaturas com a estética mais agradável, Sims usou um critério objetivo para determinar a aptidão das criaturas em evolução: quanto mais longe e mais rápido elas pudessem se impulsionar, melhores seriam. Com criaturas melhores tendo mais filhos, o sistema de Sims desenvolveu uma coleção notável de animais virtuais. Alguns se contorciam pelo chão como cobras, alguns pulavam, outros se sacudiam. Ele tentou água virtual e descobriu que as cobras reevoluíam para nadar em espiral, e Sims até viu a evolução de uma forma parecida com uma tartaruga, com nadadeiras controladas independentemente para que a criatura pudesse nadar em qualquer direção. Em nenhum momento ele havia dito ao computador como as criaturas deveriam se parecer ou como elas deveriam se mover. A evolução dentro do mundo virtual havia descoberto de forma independente princípios que se assemelhavam aos usados em sistemas vivos.

Em 1994, quando Sims mostrou os resultados pela primeira vez em uma conferência, o público ficou silenciosamente atônito e, a seguir, aplaudiu de pé. Ninguém nunca tinha visto um computador fazer algo parecido. É verdade que ele tinha usado um Thinking Machines CM-5 — um dos supercomputadores mais rápidos da época —, mas, mesmo assim, foi como ver alguém andar sobre as águas. O trabalho de Sims teria um impacto notável nas décadas seguintes, e centenas de pesquisadores duplicariam os resultados dele (o que era consideravelmente mais fácil à medida que os computadores se tornavam cada vez mais rápidos), e mais e mais criaturas exóticas evoluíram ao longo dos anos.

Eu estava na plateia da apresentação de Karl Sims naquele dia. Era um jovem estudante de doutorado que tinha se inspirado em trabalhos recentes envolvendo vida artificial e nas ideias de Richard Dawkins. Depois de conhecer William Latham e ver o trabalho inovador de Sims, minhas ambições ficaram claras: eu queria fazer com que os computadores inventassem designs de objetos sólidos, completamente novos, do zero, assim como a evolução natural havia criado a vida. Meu sistema foi chamado de forma nada imaginativa de GADES (designer de algoritmo genético, em inglês) e, em 1996, quando concluí meu PhD no tópico, desenvolvi o sistema até que ele fosse capaz de projetar qualquer coisa, de mesas a carros aerodinâmicos, tudo feito

---
Criaturas Virtuais
1994

Visão Geral: Cérebros e corpos de criaturas virtuais evoluíram para se mover em um mundo virtual

Pontos Fortes: Demonstração revolucionária de evolução convergente — biologia simulada que lembra a biologia natural

Pontos Fracos: Exigiu um supercomputador e uma equipe de talentosos programadores

Questões Éticas: Mostrou que a evolução não precisava de orientação de uma divindade para que formas naturais surgissem

Principal Desenvolvedor: Karl Sims

---

automaticamente pela IA evolucionária, assim que um humano tivesse escolhido qual de uma série de especificações funcionais modulares usar em combinação. Por exemplo, eu disse ao computador para criar uma mesa com um formato tal que deveria ter pouca massa, sustentar outros objetos na mesma altura e não deveria cair. Como as Criaturas Virtuais de Sims, o GADES desenhou e montou o móvel colando blocos de construção que ele mesmo escolheu e remodelou. O resultado foi um sistema que não otimizou os designs como todos os demais estavam fazendo — o GADES inventou, isso sim, designs inteiramente novos, às vezes com novas formas radicais, que atendiam à funcionalidade desejada pelo designer. O conceito ficou conhecido como "design generativo".

GADES
(designer de algoritmo genético)

1993-1996

Visão Geral: Capaz de desenvolver novos designs de objetos sólidos do zero

Pontos Fortes: Uma das primeiras demonstrações de design 3D generativo; acabou ajudando a tornar o design generativo uma ferramenta de design convencional

Pontos Fracos: Limitado a representação 3D simples e formas de complexidade limitada

Questões Éticas: Designers temiam que seus empregos pudessem estar em perigo

Desenvolvedor: Peter Bentley

Nos anos seguintes, meus alunos de doutorado e eu desenvolvemos ainda mais as ideias. Em dado momento, o GADES se tornou um compositor musical, e tivemos nosso próprio selo em parceria com a Universal Music. Em outra ocasião, evoluímos plantas de hospitais. Eu até evoluí e construí minha própria mesa de centro, que usamos até hoje. Clint Kelly — o gerente de projeto que impulsionou a iniciativa de computação estratégica nos EUA (ver capítulo 011) — nos ajudou com o financiamento, assim como o Departamento Europeu de Pesquisa e Desenvolvimento Aeroespacial (EOARD, em inglês). Escrevi uma série de livros a respeito desse e de outros tópicos semelhantes — você está lendo um deles agora!

Mais tarde, um dos meus alunos, chamado Siavash Mahdavi, fez um dos meus projetos patrocinados pela BAE Systems. Ele evoluiu novos designs de robôs em formato de cobra e usou a nova tecnologia de impressora 3D para construí-los. Fomos um dos primeiros a mostrar que os algoritmos genéticos poderiam evoluir a estrutura interna do corpo e o cérebro de um robô de verdade, que, quando danificado, poderia se adaptar e encontrar métodos alternativos de locomoção. Mahdavi foi longe com as ideias e criou uma consultoria de design em design generativo para formas impressas em 3D. Contratou alguns dos meus outros alunos de doutorado e, mais tarde, vendeu a empresa para a gigante de software CAD Autodesk, Inc. em 2014 por cerca de 88 milhões de dólares. O design generativo e os algoritmos genéticos logo se tornaram parte integrante dos principais produtos de software para designers, arquitetos e engenheiros.

Tive a sorte de começar cedo e chegar lá primeiro com algumas ideias com grande apoio da indústria, mas minhas experiências estavam longe de ser únicas na década de 1990 com a computação evolucionária. Aqueles foram os dias empolgantes de invenção e avanço, quando pesquisadores estavam descobrindo a que distância os computadores podiam ir quando solicitados a solucionar problemas de otimização extremamente difíceis. O pioneiro Jordan Pollack também teve sucessos incríveis em seu laboratório na Universidade Brandeis, EUA, com alunos como Hod Lipson demonstrando no projeto Golem o uso da computação evolucionária e impressoras 3D para permitir o design e a fabricação automáticos de "formas de vida robóticas" estranhas e com aparência exótica. Um pouco como as Criaturas Virtuais de Sims ganhando formas reais, digamos assim. O pesquisador italiano Marco Dorigo criou um novo algoritmo chamado "otimização de colônias de formigas" (ACO, em inglês) com base na maneira como as formigas forrageiam que poderia resolver problemas de roteamento e agendamento de veículos muito bem — ele continuou a demonstrar o poder do ACO no controle de enxames de robôs. O cientista social americano Jim Kennedy e o engenheiro elétrico Russ Eberhart criaram a "otimização de enxame de partículas" (PSO, em inglês) com base na maneira como bandos de pássaros ou enxames de abelhas se movem, e mostraram que o PSO era outro método capaz de encontrar soluções para problemas difíceis, especialmente se os problemas mudassem ao longo do tempo. E houve inúmeros outros sucessos e uma enorme variedade de algoritmos evolucionários inovadores, muitos dos quais resistiram ao teste do tempo e foram integrados às práticas de software industrial e de engenharia nas décadas seguintes.

Novas Formas de Vida

Enquanto a computação inspirada na biologia florescia, o campo irmão da vida artificial também crescia em popularidade, com novas maneiras de investigar como a vida pode ter se originado e se desenvolvido em termos de complexidade. O biólogo evolucionista Thomas S. Ray tinha acabado de passar

Visão Geral: Primeiro ecossistema artificial em evolução

Pontos Fortes: Primeiro a mostrar a evolução natural de "organismos" que cresceram em termos de complexidade sem uma função de aptidão explícita — isto levou a outros sistemas bem-sucedidos, como o Avida

Pontos Fracos: Em última análise, limitado ao nível de complexidade que poderia surgir

Questões Éticas: Mostrou a evolução natural em ação, desafiando as visões dos criacionistas

Desenvolvedor: Tom Ray

vários anos pesquisando o comportamento de forrageamento nas florestas tropicais da Costa Rica. Frustrado por não poder observar a evolução natural diretamente por causa de sua velocidade lenta, Ray decidiu que uma simulação de computador permitiria um tipo de estudo muito mais rápido e também forneceria outro exemplo de vida que ele poderia usar para comparar com a natureza.

Tom Ray desistiu do trabalho de campo na selva e em 1991 escreveu um programa de computador chamado Tierra. "Eu dei esse nome porque pensei nele como outro mundo que eu poderia inocular com vida", disse. Era um mundo virtual que compreendia nada mais do que o próprio computador como o mundo e organismos digitais que compreendiam instruções de computador. O principal objetivo das instruções era se reproduzir — fazer mais organismos digitais que herdassem as instruções dos pais, com mutações ocasionais. Essas estranhas criaturas digitais competem por memória e tempo de processador, com conjuntos de instruções mais bem-sucedidos pegando mais memória e obtendo mais tempo (efetivamente dando aos competidores menos recursos para "viver"), enquanto os menos bem-sucedidos morriam, liberando memória e tempo de processador para novos organismos. Ao contrário dos algoritmos genéticos convencionais, não havia função de aptidão para medir a qualidade desses organismos e permitir que os melhores tivessem mais filhos. Tierra simplesmente deixou os organismos digitais existirem e se comportarem. A competição por recursos naturalmente resultou em alguns se saindo melhor e outros piorando ao longo do tempo. Isto foi de fato a evolução natural dentro de um computador.

Ray começou com uma simulação simples, com a intenção de adicionar mais complexidade aos organismos digitais mais tarde. Contudo, para a surpresa dele, não foi preciso — os organismos digitais rapidamente evoluíram para uma complexidade maior. Logo, "parasitas" evoluíram e tiraram vantagem de outros organismos para ajudá-los a fazer mais cópias de si mesmos. Então, "hiperparasitas" evoluíram e roubaram pedaços dos parasitas para ajudá-los a fazer cópias de si mesmos duas vezes mais rápido. Em algumas execuções, os hiperparasitas assumiram a maior parte da população e evoluíram para cooperar uns com os outros a fim de sobreviver — até que "trapaceiros" evoluíram para tirar vantagem e superá-los. Ray percebeu que havia criado inadvertidamente um ecossistema em evolução completo, todo feito de bytes de código de computador.

O Tierra inspirou várias outras simulações de vida artificial que mostrariam comportamentos ainda mais exóticos. A primeira versão do Avida foi desenvolvida em 1993 pelo cientista da computação Charles Ofria e pelo microbiologista Chris Adami. Tem sido continuamente desenvolvido desde então e resultou em alguns estudos notáveis de como a complexidade pode surgir ao longo do tempo — e também usado para ensinar evolução em sala de aula.

Inteligência de Bate-papo

Métodos de computação inspirados em biologia, como computação evolutiva e redes neurais, podem ter florescido na década de 1990, mas ainda era difícil abandonar ideias mais antigas. O "Jogo da Imitação" de Turing (ver capítulo 000), agora conhecido como Teste de Turing, ainda era um prêmio que alguns achavam que valia a pena tentar ganhar. Apesar das críticas de Searle e outros (ver capítulo 011), muitos achavam que um computador que pudesse conversar conosco tão bem quanto um humano certamente deveria ter inteligência humana. Isto foi inspiração suficiente para o inventor americano Hugh Loebner patrocinar o "Prêmio Loebner" — uma medalha de ouro maciço e um prêmio de 100 mil dólares para qualquer um capaz de programar uma IA que pudesse enganar um julgador humano a acreditar que era humana.

Loebner era um personagem controverso e pouco admirado — defensor da prostituição legalizada e dono de uma empresa que fazia pedestais organizadores de fila (com a qual financiava os prêmios). Não faltavam descrições como "um maníaco por controle" ou "um pé no saco congênito e crônico". Embora suas motivações fossem encorajar avanços na inteligência artificial, muitos pesquisadores acharam o uso por parte dele do Teste de Turing inapropriado e inútil. Minsky, como sempre, não se conteve ao expressar suas críticas e chamou a iniciativa de "detestável e estúpida" — e até mesmo ofereceu uma recompensa em dinheiro do próprio bolso para qualquer um que conseguisse persuadir Loebner a desistir do prêmio e voltar a cuidar da própria vida.

Embora ninguém tenha ganhado o prêmio "completo", um menor, em bronze, foi dado anualmente para a IA que mais se aproximava do objetivo. Isto encorajou uma série de pesquisadores de qualidade variada a desenvolver chatbots e competir. Um vencedor (em duas ocasiões) foi o Doutor Richard

Wallace, fundador da "Fundação ALICE". O próprio Wallace era um personagem incomum que se automedicava com maconha e tinha uma ordem de restrição para ficar fora do campus da Universidade da Califórnia em Berkeley. Sua IA mais conhecida, chamada ALICE (Entidade Artificial de Computador para Linguística via Internet, em inglês), alcançou alguns dos melhores resultados na época, embora tenha tratado basicamente o conceito de conversação como um jogo para enganar os humanos com um grande banco de dados de conversas armazenadas que ela poderia acessar a fim de parecer mais realista nas respostas.

Outra IA multivencedora foi criada pelo programador britânico Rollo Carpenter. O Jabberwacky surgiu pela primeira vez em 1997; as encarnações posteriores acabariam ganhando o prêmio anual várias vezes e evoluíram para uma versão final, conhecida como Cleverbot. Novamente construído principalmente para passar no Teste de Turing, o método do Cleverbot era armazenar conversas passadas com humanos e reutilizar nossas respostas caso o mesmo tópico surgisse no futuro, reciclando nossas próprias palavras ao nos oferecê-las. (É possível argumentar que os Grandes Modelos de Linguagem modernos fazem algo semelhante — ver capítulo 110.) A IA usava heurística e lógica fuzzy para escolher dentro do vasto repertório de interações, que em 2014 havia atingido 279 milhões. No entanto, mesmo uma conversa curta revela que o Cleverbot claramente não é humano:

```
* Olá Cleverbot!
> Olá, como vai?
* Estou escrevendo a seu respeito. O que pode me dizer
sobre como você trabalha?
> Eu sou um robô, eu não vivo.
* Você gosta de ser um robô?
> Não, eu não sou um robô. Você é?
* Como você se descreveria?
> Bem, eu sou inteligente, espirituoso, legal e amigável.
E você?
* De onde você tira suas ideias?
```

> Sim. Muitas.

* Você conhece Rollo Carpenter?

> Não, quem ou o que é isso.

As respostas revelam rapidamente o problema de usar o Teste de Turing como a principal métrica para a eficácia de uma inteligência artificial. Se a única motivação é passar no Teste de Turing, então não há necessidade de construir qualquer forma de compreensão ou inteligência. A pesquisa de IA não avança de alguma forma que faça sentido. Foi o que aconteceu com o Prêmio Loebner.

Loebner faleceu em 2016, aos 74 anos. O Prêmio Loebner foi extinto logo depois.

Conexionismo

Os cientistas da computação tradicionais ainda se recusavam a dizer as palavras inteligência artificial. Mas os acadêmicos sempre tiveram talento para nomenclatura e rapidamente inventaram inúmeras novas terminologias para garantir que não fossem consideradas farinha do mesmo saco. O psicólogo americano Edward Thorndike foi o primeiro a apresentar o termo "conexionismo" com relação ao aprendizado na década de 1930, mas na década de 1990 o termo passou a abranger a pesquisa de redes neurais, especialmente o uso de modelos computacionais para o estudo da cognição. Ao contrário daqueles que acreditavam que o cérebro poderia ser descrito como computacionalista (ele computa símbolos), os conexionistas acreditavam que as redes de neurônios permitiam o aprendizado geral; achavam que considerar a inteligência como nada mais do que manipulação de símbolos era insuficiente.

Com o processamento simbólico fora de moda, os conexionistas agora podiam desenvolver suas abordagens a sério. O cientista da computação alemão Sepp Hochreiter desenvolveu a própria ideia com o apoio do seu supervisor Jürgen Schmidhuber em meados da década de 1990. As redes neurais ainda precisavam ser aperfeiçoadas naquele estágio. Redes muito profundas (com muitas camadas) ou recorrentes (onde neurônios posteriores eram conectados de trás para frente a neurônios anteriores) sofriam do "problema

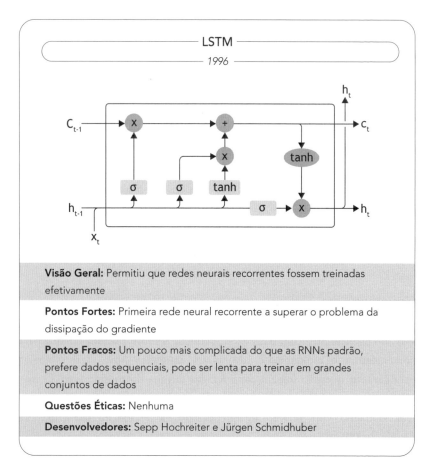

de dissipação do gradiente", onde o erro propagado de trás para frente durante o treinamento se tornava muito pequeno, e o treinamento falhava. Mas redes recorrentes eram úteis porque permitiam que os neurônios se lembrassem de coisas, em vez de simplesmente empurrar dados da entrada para a saída como uma rede *feedforward** faz. Alimentar saídas de trás para frente na rede novamente age como um tipo de memória — desde que a pessoa consiga resolver aquela irritante dissipação do gradiente. Hochreiter pensou que poderia haver

---

* As redes neurais *feedforward* representam uma das arquiteturas mais simples de redes neurais. Conforme o nome em inglês sugere, essas redes direcionam as informações de forma unidirecional, indo da entrada para a saída. (N.T.)

uma solução criando um modelo de rede neural um pouco mais complicado. Em seu neurônio gigante (ou *unidade*), agora havia uma célula de memória que armazena explicitamente um valor e pode ser atualizada por diferentes portas (que podem ser implementadas usando outros neurônios convencionais). Há uma porta de entrada que decide o que armazenar na célula de memória e é treinada para armazenar as coisas importantes; uma porta de esquecimento que é treinada para fazer a célula de memória esquecer coisas sem importância; e uma porta de saída que é treinada para garantir que a unidade produza saídas importantes. Essas portas são controladas por uma entrada e um estado oculto anterior, permitindo que a "memória longa de curto prazo" (LSTM, em inglês) se lembre de coisas por mais tempo e desenvolva uma compreensão das dependências nos dados. Por exemplo, sem esse tipo de memória é muito difícil analisar a frase "Fiquei sem ovos. Fui ao mercado e comprei uma caixa de meia dúzia". Uma rede neural recorrente padrão (em algo como um modelo de linguagem; ver capítulo 110) nunca conseguiria entender que a pessoa comprou seis ovos.

As LSTMs foram introduzidas na década de 1990, mas demoraram um pouco para decolar. Com o tempo, muitos sabores diferentes de LSTMs foram criados e, uma década depois, elas se tornaram um tipo extremamente importante de rede neural amplamente usada para aplicações, de reconhecimento de caligrafia a compreensão da fala.

Máquinas de Vetores de Suporte

Enquanto o trabalho seguia em frente para tentar fazer as redes neurais funcionarem de forma um pouco mais confiável, outros pesquisadores achavam que a matemática seria uma aposta melhor para permitir que os computadores aprendessem. No início da década de 1990, o cientista da computação russo Vladimir Vapnik — que mais tarde trabalhou no Bell Labs da AT&T, em Nova Jersey, EUA — desenvolveu uma ideia nova baseada em um cálculo determinístico de dados. Por exemplo, se a pessoa tivesse dois conjuntos de dados e quisesse separá-los (um conjunto representa a letra A e outro a letra B), e se plotarmos todos os dados como pontos em um gráfico e desenharmos uma linha dividindo os dois conjuntos, saberemos que todos os dados de um lado da linha são a primeira classe de dados, e todos os dados do outro lado da linha estão na segunda classe de dados. Calculamos a equação da linha garantindo que maximizamos a distância (margem) dos pontos de dados mais próximos de cada classe para a linha, o que nos permite desenhar a linha que melhor separa essas classes de dados. Quando cada ponto de dados é um vetor de dois elementos (x, y), nós os separamos com uma linha reta. Quando o ponto é um vetor de três (x, y, z), então usamos um plano. E quando o vetor é multidimensional, usamos um hiperplano — mas a matemática ainda é a mesma. As coisas ficam um pouco mais complicadas se os dados forem confusos e não separáveis por linha — não é possível simplesmente desenhar uma linha ou cortar os dados em dois com um plano. Contudo, Vapnik e seus colegas perceberam que seria possível usar matemática mais inteligente para mapear os dados em um espaço diferente, talvez com mais dimensões (conhecido como função kernel) para que se possa então separar os pontos com um hiperplano.

Vapnik chamou a ideia de máquina de vetores de suporte (ou SVM, em inglês). Embora pudesse ser considerada um parente do perceptron, ela não usava neurônios, nenhuma evolução, nenhuma aleatoriedade, nenhuma manipulação simbólica. A máquina de vetores de suporte operava por matemática pura, usava os dados para gerar as equações que melhor separavam esses dados em classes diferentes. E funcionava. A sólida base matemática significava que era confiável, e assim as SVMs logo se tornaram um dos principais métodos de aprendizado de máquina. Enquanto a inteligência artificial tradicional caiu no esquecimento e as redes neurais padrão lutavam para fazer algum progresso, as SVMs tiveram tanto sucesso quanto o campo em pleno desenvolvimento da computação evolucionária. Logo elas se tornaram a abordagem preferida para classificação de texto e imagem e reconhecimento de caligrafia. (E além das SVMs, houve outras abordagens mais "matemáticas", como redes bayesianas ou processos gaussianos, que também cresceram em popularidade na década de 1990.)

Corrida sem Cavalos

Conforme a década de 1990 chegava ao fim, a corrida pela inteligência artificial parecia ter sido suspensa. Os dois cavalos que lideravam pareciam ter caído: o obstáculo do sistema especialista derrubou a IA baseada em símbolos, e as limitações percebidas na dissipação do gradiente tornaram o uso de redes neurais um salto longo demais para muitos pesquisadores. Abordagens alternativas, como algoritmos de otimização evolucionária e máquinas de vetores de suporte, podem ter dado novas capacidades aos computadores, mas não podiam alegar que eram inteligência em si — métodos práticos e úteis que eram aplicáveis a problemas reais. O segundo inverno da IA ainda estava em pleno vigor.

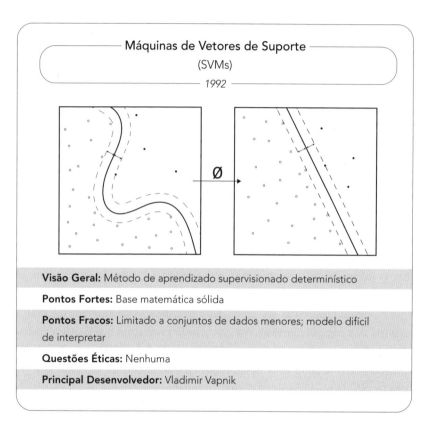

CAPÍTULO 101

2000-2010
Pensamento Aprofundado

Y2K*

Era o início de um novo milênio, que poderia ter sido desastroso para os milhões de computadores que agora controlam e processam dados do mundo inteiro, desde economias até produção e distribuição de alimentos. Como a maioria dos computadores estava executando programas que usavam apenas dois dígitos para representar a data (1999 era 99, logo 2000 seria 00), então, quando o ano mudou para 2000, todos eles poderiam ter pensado que era 1900 e sofrido uma apoplexia digital, causando caos. No fim das contas, nada de especial aconteceu — talvez em parte porque cerca de trezentos a quinhentos bilhões de dólares foram gastos nos anos que antecederam o evento, corrigindo todos os programas.

Neste admirável novo século, surgiram os primeiros vírus de computador altamente virulentos. Até então os vírus eram pequenos programas desagradáveis que poderiam viver em disquetes duvidosos — podiam causar estragos, mas não se espalhavam tão rápido. O vírus ILOVEYOU era diferente, pois

---

* Y2K é uma abreviação em inglês de "Year 2000", ou ano 2000, e também significa "bug do milênio": possíveis problemas de computador que poderiam ter ocorrido quando a data mudou de 1999 para 2000 (99 para 00). (N.T.)

CAPÍTULO 101: 2000-2010 PENSAMENTO APROFUNDADO   119

usava a Internet para se espalhar. Vinha em um belo e-mail com o assunto ILOVEYOU e com um anexo "LOVE-LETTER-FOR-YOU.TXT.vbs".* Quando você clicava no provocativo arquivo, ele de repente ganhava vida como um programa e sobrescrevia arquivos aleatórios no computador; depois, usava a sua lista de endereços de e-mail para se autoenviar por e-mail para todos os seus contatos. Poucas horas depois que a primeira mensagem foi enviada, ela se espalhou pelo mundo. Em dez dias, mais de cinquenta milhões de computadores foram infectados — 10% dos computadores do mundo na época. O vírus custou bilhões de dólares em danos por causa dos arquivos perdidos, e bilhões a mais para limpar os computadores infectados. Foi apenas o primeiro de muitos outros que se seguiram, o que gerou a necessidade de todos os computadores conectados à Internet terem um antivírus.

Os jogos de computador também atingiram a maioridade nos anos 2000. Em 2000, a Nintendo havia vendido 100 milhões de consoles do Game Boy. PlayStation, Xbox e Wii surgiram e forneceram hardware dedicado para jogadores além dos PCs. Essas máquinas ajudaram a impulsionar a criação de processadores gráficos (GPUs, em inglês) ultrarrápidos, projetados para mostrar os complexos mundos 3D dos jogos em detalhes fantásticos, em altas taxas de quadros por segundo (fps, em inglês). Esses processadores especiais realizavam milhões de cálculos semelhantes em paralelo, tirando a carga do processador normal do computador. Os primeiros controladores de detecção de movimento e reconhecimento de gestos foram criados e permitiram novas maneiras de interagir com computadores.

Outro grande salto nos computadores domésticos ocorreu no final dos anos 2000. Em 2007, foi lançado o primeiro iPhone e, um ano depois, a App Store foi aberta. Aquele foi o início de uma verdadeira revolução em dispositivos de computação. Agora, todos podiam ter nas mãos um computador poderoso conectado à Internet, capaz de executar qualquer aplicativo concebível. Outros fabricantes copiaram rapidamente o formato. O resultado foi uma maneira totalmente nova de usar computadores, sempre em movimento. Os aplicativos de mídia social logo se tornaram um grande sucesso: MySpace, Friendster, Facebook, Twitter, YouTube, e a lista nunca parou de crescer. As pessoas podiam tirar fotos e fazer vídeos a qualquer hora, em qualquer

---

* O vírus se chama "EUTEAMO" e o anexo "CARTA-DE-AMOR-PARA-VOCÊ.TXT. vbs". (N.T.)

lugar, e compartilhá-los na Internet. Elas podiam publicar no Twitter ou nos blogs e compartilhar suas ideias com o mundo.

Realmente a era do computador estava aqui. Com ela, vieram mais dados do que nunca havíamos visto antes. O "Big Data" se tornou um problema real: indivíduos e empresas estavam produzindo mais dados do que qualquer um poderia processar. A Internet estava se enchendo de grandes quantidades de sites, blogs, páginas de mídia social e imagens de gatos. Era uma avalanche impossível de dados.

Como Você Está se Sentindo?

Os pesquisadores de IA não se preocuparam muito com a era do computador. Estavam acostumados com computadores — para eles, aquilo era apenas o resto do mundo tirando o atraso. Contudo, quase todos também tinham uma visão bastante limitada a respeito de inteligência. Durante os primeiros cinquenta anos de pesquisa em IA, a maioria das teorias de inteligência eram um pouco masculinas demais. Pensamento lógico, classificação pura, previsão ou otimização eram os métodos pelos quais se pensava que a inteligência operava. As emoções eram consideradas redundantes e caóticas, e era melhor que fossem removidas. Uma inteligência "pura" e sem emoção era certamente o melhor tipo. Será?

O médico neurologista e neurocientista português António Damásio começou a desafiar essas ideias. Depois de anos estudando como os sistemas neurais em nosso cérebro conectam a emoção à tomada de decisões, memória e consciência, ele chegou a algumas conclusões surpreendentes. Damásio demonstrou que as emoções realmente permitem que grande parte de nossa inteligência funcione corretamente. Um exemplo citado por Damásio foi o estranho caso de um ferroviário chamado Phineas Gage, que sofreu um trágico acidente envolvendo uma barra de ferro que se cravou em seu crânio e destruiu o lobo frontal esquerdo. Surpreendentemente, Gage sobreviveu, mas o dano no cérebro resultou em uma mudança significativa em sua personalidade — ele não sentia mais nenhuma emoção. A falta de emoções de Gage era menos preocupante quando ele conversava, mas lhe causava problemas enormes sempre que tentava tomar qualquer tipo de decisão. Gage ficava paralisado pela indecisão e não conseguia escolher nada. Damásio sugeriu que as emoções são uma espécie de atalho para o cérebro. Aprendemos o que é bom (uma refeição gostosa) ou ruim (frutos do mar que nos fizeram mal) e assim temos uma resposta emocional no futuro: sim, eu gosto disso; não, eu não como mais aquilo. As emoções nos ajudam a percorrer um mundo de escolhas quase ilimitadas (será que uso essas meias ou aquelas; devo comer com geleia ou com mel?) e nos permitem aprender e lembrar de maneira mais rápida e efetiva.

Muitos pesquisadores se inspiraram nessas ideias. Talvez a primeira IA emocional tenha sido Kismet, uma cabeça de robô com olhos e orelhas bem grandes (parecendo um Gremlin) construída no ano 2000 por uma aluna

Kismet
2000

Visão Geral: Cabeça de robô projetada para entender e expressar emoções

Pontos Fortes: Combinou inúmeros métodos de IA para visão, reconhecimento de fala, voz sintetizada, reconhecimento de emoções e simulação

Pontos Fracos: Exigiu muitos computadores e era apenas uma cabeça sem corpo

Questões Éticas: Capaz de expressar reações emocionais, mas elas refletem puramente as ideias do desenvolvedor; este não é um "agente moral artificial"

Desenvolvedor: Cynthia Breazeal

de Rodney Brooks chamada Cynthia Breazeal. O Kismet usou um grande número de computadores para alimentar vários comportamentos: os movimentos eram acionados por quatro microprocessadores Motorola 68332 dedicados executando uma versão em LISP; processamento de visão e movimento dos olhos acionados por nove PCs em rede; vocalização por outro PC; e reconhecimento de fala por mais um PC ainda. O estranho robô balbuciava como uma criança, pois o sintetizador de fala imitava a caixa de voz humana. Em vez de entender palavras, foi projetado para entender o significado emocional no tom das palavras faladas (raiva, medo, felicidade). Um modelo de mistura gaussiana foi usado (uma abordagem estatística probabilística) para realizar a classificação. O Kismet imitava emoções e expressava o próprio estado emocional por meio da mudança das expressões faciais — movendo lábios, olhos e orelhas.

Após concluir o doutorado, Breazeal fundou uma empresa que criava assistentes pessoais robôs com consciência emocional, chamados Jibo. Esses pequenos robôs sociais realizavam movimentos expressivos, eram capazes de inclinar e girar a "cabeça" abstrata e usavam uma grande tela redonda para mostrar animações correspondentes à fala e ao riso, ou mesmo informações em resposta a uma solicitação. Por mais fofos que fossem, não conseguiam competir com a Alexa da Amazon e seus alto-falantes inteligentes, e assim sendo a empresa foi vendida, e o conceito do Jibo ficou para ser futuramente redesenvolvido.

O Kismet foi o primeiro de muitos exemplos de "robôs sociais" que foram projetados para entender e imitar emoções. A cientista da computação alemã Kerstin Dautenhahn passou a carreira tentando melhorar a interação entre humanos e computadores dessa forma. Um (de muitos) de seus robôs era o KASPAR — um robô do tamanho de uma criança, expressivo e parecido com uma boneca, que era usado para auxiliar o desenvolvimento de crianças autistas. Dautenhahn descobriu que as crianças tinham dificuldade para interagir com humanos e se sentiam mais à vontade com o robô, que poderia então ser usado para ajudar a melhorar as habilidades sociais das crianças.

Além dos robôs sociais e da pesquisa de interação humano-computador, um novo ramo da IA chamado *IA de emoção* acabaria se desenvolvendo, dedicado ao uso da inteligência artificial para fins de entender nossas emoções, talvez para que possa responder de forma diferente se nosso humor puder se beneficiar disso. Mas o uso da emoção integrada à própria IA, para fins de melhorar essa IA, ainda parece um objetivo ilusório e raramente procurado pelos pesquisadores de IA.

Direção Autônoma

Em 3 e 24 de janeiro de 2004, respectivamente, os robôs de exploração Spirit e Opportunity pousaram em Marte. Com muitos anos de desenvolvimento, os robôs usaram planejamento autônomo para descobrir como atingir alvos definidos por controladores na Terra. Eles capturaram imagens estereoscópicas do terreno no caminho e descobriram a altura dos obstáculos e declives do solo. A seguir, procuraram por muitos caminhos possíveis, até encontrarem a rota mais curta e segura para seus objetivos.

No mesmo ano, a Agência de Projetos de Pesquisa Avançada de Defesa dos EUA (DARPA) realizou o Grande Desafio para veículos autônomos. O objetivo era de que um veículo dirigisse sozinho (sem assistência humana) por 250 quilômetros ao longo de um trecho da Interestadual 15, na região do Deserto de Mojave. Qualquer pessoa de qualquer lugar do mundo poderia participar (desde que houvesse um cidadão americano na equipe). Para quem fosse bem-sucedido o prêmio era de um milhão de dólares. No primeiro ano, 100 equipes testaram uma grande variedade de veículos — uma espécie de *Corrida Maluca* controlada por computador. Nenhum completou o percurso — na verdade, o mais longe que qualquer veículo conseguiu dirigir pela estrada foi apenas doze quilômetros, antes de parar de maneira vergonhosa, em chamas. Mas, apesar da falta de um vencedor, como o prêmio foi visto como um grande incentivo para esse tipo de pesquisa de IA, o desafio foi realizado novamente no ano seguinte com um primeiro prêmio maior: dois milhões de dólares.

Dessa vez, cinco carros completaram o percurso, com quatro dentro do tempo estipulado. Enquanto algumas equipes tentaram mapear o percurso com antecedência, medindo cada pedra e curva na estrada que puderam, a equipe vencedora foi um triunfo para a IA, pois o uso do aprendizado de máquina provou ser fundamental para o sucesso de seu carro. O Stanley, como foi batizado, era um SUV Touareg modificado, doado pela Volkswagen. A equipe estava sediada na Universidade de Stanford e tinha como pesquisador-chefe Sebastian Thrun, o novo diretor do Laboratório de IA de Stanford

(SAIL, em inglês). O Stanley foi equipado com os sensores mais recentes, incluindo LIDAR (detecção e telemetria a laser, em inglês), GPS, câmeras de vídeo e hodômetro para descobrir até onde o carro viajou caso o sinal de GPS fosse perdido. Eles usaram uma arquitetura de subsunção (ver capítulo 100) para lidar com reações a entradas de vários sensores e aprendizado de máquina para ajudar a descobrir quais partes dos dados do sensor eram significativas e quais eram simplesmente ruído causado por solavancos na estrada. Eles também fizeram uso dos sensores LIDAR de menor alcance para ajudar a calibrar a visão das câmeras de vídeo, permitindo que o Stanley aprendesse o que evitar e confiasse mais na própria visão — para que pudesse dirigir mais rápido como resultado.

Stanley
2005

Visão Geral: Primeiro veículo autônomo a vencer o Grande Desafio de veículos autônomos da DARPA

Pontos Fortes: Usou aprendizado de máquina e foi pioneiro em muitos métodos usados em veículos autônomos desde então

Pontos Fracos: Projetado exclusivamente para o percurso do Grande Desafio e não é capaz de dirigir em vias urbanas

Questões Éticas: Devemos delegar nossa segurança a IAs relativamente simples, com pouca experiência e nenhuma moral?

Principal Desenvolvedor: Sebastian Thrun

A equipe de Stanford ganhou o prêmio de dois milhões de dólares naquele ano. Stanley foi seguido por Junior, que ficou em segundo lugar, ganhando um milhão de dólares no Grande Desafio de 2007, desta vez um desafio de direção urbana em que os veículos tinham que se fundir ao tráfego e obedecer aos sinais e placas de trânsito. Em 2009, o Google havia iniciado o próprio programa de desenvolvimento de carros autônomos, contratando muitos dos melhores engenheiros das equipes de desafio da DARPA. Foi o início de um sonho de desenvolver veículos autônomos que desafiariam a indústria uma década depois. Mais tarde, Thrun criaria a Kitty Hawk Corporation, que fabricava aeronaves leves elétricas com o apoio de Larry Page, e a Udacity, uma empresa que oferecia cursos online.

Fazendo Cérebros

Enquanto o trabalho em otimização e aprendizado de máquina estava florescendo, as palavras "inteligência artificial" ainda estavam contaminadas com os fracassos do passado. Os primeiros sinais de um grande degelo na pesquisa de IA vieram com uma nova motivação: por que não usar modelos de computador do cérebro para ajudar a entender como os cérebros biológicos funcionam? A neurociência computacional tinha um enorme potencial, especialmente porque os computadores agora tinham o poder de simular um grande número de neurônios e células relacionadas. Com base em trabalhos anteriores, o Instituto Cérebro e Mente da EPFL (École Polytechnique Fédérale de Lausanne), na Suíça, anunciou um novo e importante projeto de pesquisa em 2005. O Projeto Blue Brain usaria os mais recentes supercomputadores "Blue Gene" da IBM para simular integralmente um cérebro de camundongo com o máximo de detalhes possível. Ao simular o cérebro de um mamífero, o objetivo era aprender a respeito da estrutura e da função profundas desse órgão tão misterioso. O trabalho continuaria por mais de uma década com colaborações em toda a Europa e além; em 2019, todo o córtex (camada externa) do cérebro do rato estava sendo simulado, mas a simulação estava se mostrando "pesada" para os supercomputadores lidarem.

Essa motivação de entender a inteligência biológica deu nova vida à pesquisa de redes neurais. Assim como os pesquisadores de vida artificial, os pesquisadores de redes neurais agora podiam alegar estar avançando o

Projeto Blue Brain
2005–hoje

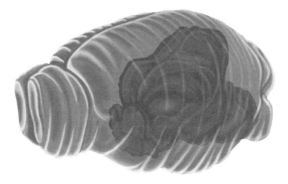

Visão Geral: Grande esforço de pesquisa para desenvolver um modelo computacional do cérebro do camundongo

Pontos Fortes: Com base no ambiente de simulação de neurônios e rodando em supercomputadores Blue Gene, foram feitas muitas descobertas a respeito da estrutura e da função do cérebro

Pontos Fracos: Os modelos são complexos e até mesmo os supercomputadores têm dificuldade para executá-los

Questões Éticas: Dependia em parte de experimentos em animais para dados brutos

Desenvolvedor: Henry Markram (diretor fundador)

conhecimento em duas áreas: biologia teórica e ciência da computação. Geoff Hinton foi um cientista da computação que levou esse caminho a sério ao fundar uma unidade de neurociência computacional (o Instituto Gatsby, da University College London (UCL)) para reunir neurocientistas e cientistas da computação sob o mesmo teto. Enquanto Hinton logo se mudaria para a Universidade de Toronto, aqueles que estudavam no Instituto Gatsby fariam alguns avanços significativos.

Inteligente de Modo Geral

Demis Hassabis foi um desses pesquisadores. Anteriormente um jovem designer de videogames, dono da própria empresa que migrou para a neurociência computacional. Fez doutorado na UCL e pesquisa de pós-doutorado no Instituto Gatsby, trabalhando com Peter Dayan (um dos antigos alunos de Hinton). Após um trabalho inovador analisando exames de imagem por ressonância magnética funcional de pacientes em que estudou memória e imaginação, e um doutorado em memória episódica, juntou-se a outro pesquisador, Shane Legg, que havia entrado recentemente no Gatsby.

Legg era um pesquisador de ciência da computação não convencional que nutria um interesse de longa data em AGI — inteligência artificial geral —, termo que ele reintroduziu com o controverso pesquisador de IA Ben Goertzel. Legg acreditava que uma AGI era uma inteligência artificial geral que poderia realizar a maioria das tarefas cognitivas que éramos capazes de fazer e descreveu a própria definição formal de um sistema de "inteligência universal". Ele também estava preocupado com os "riscos existenciais para os humanos" que as IAs superinteligentes poderiam representar. Embora essas ideias fossem se tornar mais divulgadas e populares nos últimos anos com a criação da chamada "Conferência da Singularidade",* dirigida pelo futurista Ray Kurzweil, no ano 2000, Legg estava "na periferia dos lunáticos", como ele mesmo disse. Legg concluiu o doutorado sobre o assunto e, apesar de alertar a respeito dos problemas que uma superinteligência poderia representar, encontrou um ângulo positivo para abordá-la, como muitos pesquisadores com ambições na área. "Por definição, a superinteligência seria capaz de realizar uma enorme gama de objetivos em uma ampla gama de ambientes", escreveu Legg na tese de doutorado. "Se nos prepararmos cuidadosamente para essa possibilidade com antecedência, não apenas poderemos evitar o desastre, como poderemos trazer uma era de prosperidade diferente de tudo o que já foi visto."

Hassabis e Legg (juntamente com o irmão do melhor amigo de Hassabis, Mustafa Suleyman) eram todos extremamente empreendedores e nutriam interesse mútuo no progresso da inteligência artificial. Eles uniram forças e,

---

* O termo "singularidade" foi emprestado da Física pelo matemático e cientista da computação John von Neumann (1903-57) em 1950 para falar dos avanços cada vez mais acelerados da tecnologia. (N.T.)

em setembro de 2010, fundaram uma nova empresa, chamada DeepMind. Ela teria um impacto sísmico na forma como a inteligência artificial seria percebida nos anos seguintes.

O Nascimento do Aprendizado Profundo

Enquanto isso, Hinton andava ocupado. Dando continuidade à sua onda criativa sem fim, inventando (ou pelo menos popularizando) muitos novos e importantes tipos de redes neurais, em 2006 e 2007 publicou dois artigos que explicavam como as redes neurais agora eram capazes de fazer algo novo. Grandes redes neurais multicamadas agora podiam ser treinadas para *gerar* dados, em vez de apenas classificá-los. Modelos generativos permitiram uma maneira totalmente nova de usar redes neurais.

No artigo de 2006, Hinton explicou como as redes neurais poderiam atuar como "autocodificadores" generativos. No artigo de 2007, revisou uma variedade de métodos generativos que agora estavam se mostrando promissores. Como Hinton resumiu, um modelo generativo é de fato duas redes neurais em uma só. A rede de baixo para cima codifica os dados de entrada, normalmente reduzindo os dados a uma "representação latente" menor. A seguir, uma segunda rede de cima para baixo decodifica essa representação menor e tenta reconstruir os dados originais. Treiná-los juntos até que a saída corresponda à entrada resulta em um modelo capaz de aprender classificações de uma maneira nova e mais eficaz. Por exemplo, alimente um modelo generativo com muitas imagens de dígitos manuscritos e, uma vez treinada, a rede separará esses dígitos em diferentes classes por si só (este é um "A" enquanto aquele é um "B") e então será capaz de dizer em qual classe uma nova imagem se encaixa... ou até mesmo gerar uma nova imagem para uma determinada classe!

Hinton argumentou que o nosso cérebro talvez funcione de forma semelhante. Ele também descreveu alguns truques para ajudar a treinar essas redes multicamadas ou *profundas* de forma mais eficaz e precisa. Um método era uma máquina de Boltzmann restrita (RBM, em inglês). Enquanto as máquinas de Boltzmann são redes neurais estocásticas[*] com conexões em ambas as direções (relacionadas às Redes de Hopfield, ver capítulo 011), uma

---

[*] Que empregam cálculo de probabilidade para uso estatístico. (N.T.)

CAPÍTULO 101: 2000-2010 PENSAMENTO APROFUNDADO

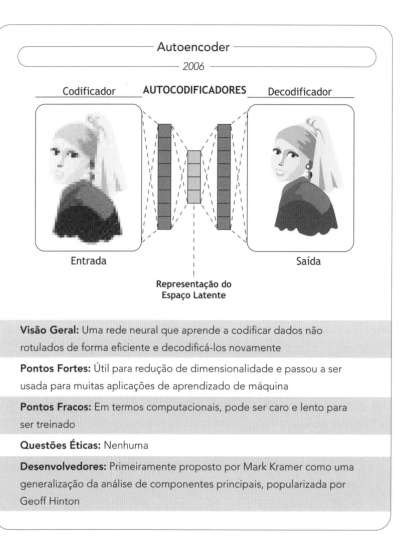

máquina de Boltzmann restrita limita a topologia da rede, o que torna o treinamento muito mais fácil. Em geral, as máquinas de Boltzmann têm dois tipos de unidades: neurônios visíveis e ocultos, com os neurônios visíveis sendo vinculados à entrada (por exemplo, uma unidade visível para cada pixel de uma imagem de entrada). Isso permite que atuem como detectores de características para os pixels relacionados na imagem, permitindo que encontrem bordas, linhas e áreas de cor semelhante, por exemplo. (Um avanço em

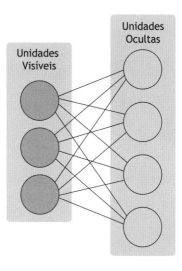

Visão Geral: Popularizado por Hinton, a RBM permite redes de aprendizado profundo e modelos generativos

Pontos Fortes: As restrições na topologia permitem um treinamento mais eficiente

Pontos Fracos: Cálculos complexos de neurônios

Questões Éticas: Nenhuma

Desenvolvedores: Conhecido inicialmente como Harmonium por Paul Smolensky, mais tarde desenvolvido por Hinton e colegas em meados dos anos 2000

relação aos métodos mais antigos de processamento de imagem, onde os pesquisadores tinham que pré-processar cuidadosamente os dados e criar os próprios detectores de características.) Usando essas novas abordagens, Hinton mostrou que as mais recentes "redes profundas de crenças" poderiam superar a retropropagação padrão e as máquinas de vetores de suporte.

De repente, as redes neurais voltaram dos mortos — agora havia maneiras claras de treinar redes neurais grandes (profundas) de forma eficiente e fazê-las funcionar melhor do que qualquer outra coisa.

Topologias em Evolução

Com métodos cada vez melhores para treinar grandes redes neurais, o problema de como organizar os neurônios (unidades) e conectá-los com mais eficiência contudo permaneceu. Aumentar o número de camadas ocultas dentro de uma rede talvez melhorasse a capacidade de estimar os dados de entrada (correndo o risco de *superajustar* os dados — a rede se tornaria superespecializada e incapaz de lidar com novos dados — se não for configurada para aprender da maneira correta). Mas a forma de realizar a conexão das unidades também pode afetar a capacidade de aprender características dos dados. Uma CNN funciona por causa das convoluções inteligentes habilitadas por sua topologia (ver capítulo 011). Se ao menos houvesse uma maneira automática de descobrir boas topologias para redes neurais... Essa foi a motivação do pesquisador de doutorado Kenneth Stanley enquanto trabalhava sob a supervisão do pesquisador finlandês-americano de Computação Evolutiva Risto Miikkulainen em 2002. A solução de Stanley foi o NEAT: NeuroEvolution of Augmenting Topologies.* Era um algoritmo genético que evoluiu novas topologias de rede neural e seus pesos, começando com uma rede *feedforward* simples e lentamente tornando a topologia mais complexa ao adicionar novas conexões ao longo do tempo. Ele usava espécies diferentes de indivíduos na população para evitar o cruzamento de soluções muito diferentes e preservar a diversidade, e tinha operadores de crossover inteligentes, a fim de permitir que os pais gerassem soluções-filhas sem emaranhar as redes em algo muito bagunçado que não funcionasse.

A próxima inovação de Stanley foi um novo tipo de rede neural, que ele chamou de Rede de Produção de Padrões Composicionais (CPPN, em inglês). Em vez da função de transição sigmoide ou similar usual usada pelos neurônios na maioria das redes neurais (ver capítulos 000 e 001),

---

* A literatura científica em português não traduz o termo, mas seria algo como "neuroevolução de topologias aumentadas". O acrônimo NEAT significa tanto algo bem-organizado como excelente, preciso e de boa aparência. (N.T.)

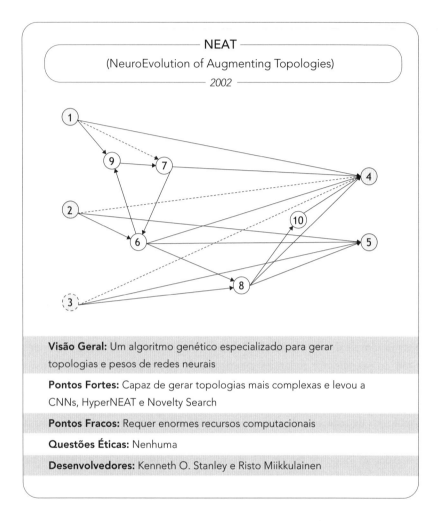

ele permitiu que os neurônios usassem uma ampla gama de funções diferentes, possibilitando que alguns produzissem padrões fractais ou repetitivos. Quando a rede CPPN era alimentada com as coordenadas de uma imagem, ela poderia então gerar um complexo padrão pixel por pixel, daí o nome. Stanley descobriu uma maneira de fazer com que as CPPNs especificassem mais do que imagens: ele poderia usá-los para definir conexões entre redes neurais. Dessa forma, Stanley poderia aumentar as habilidades do NEAT para gerar redes neurais mais complexas: usar o NEAT para gerar CPPNs que gerassem redes neurais. Ele chamou esse método de HyperNEAT, que mostrou as melhores habilidades até o momento para gerar automaticamente novas estruturas de rede neural.

Stanley também usou as CPPNs de outras maneiras: para gerar imagens 2D e 3D em sistemas de arte evolucionária online (semelhante ao Mutator de Latham — ver capítulo 100). Picbreeder e Endless Forms permitiram que qualquer um "evoluísse" sua arte online e mostraram o grau de complexidade que os visuais gerados poderiam assumir. Depois de alguns anos, Stanley percebeu que, ao evoluir formas complexas dessa maneira, o método geralmente funcionava melhor quando não havia um objetivo explícito. Quando os usuários simplesmente exploravam o espaço de possibilidades, descobriam resultados mais interessantes e, às vezes, melhores. Com seu aluno Joel Lehman, Stanley decidiu ajustar o algoritmo genético e dizer a ele para sempre encontrar soluções inovadoras — ideias que nunca haviam sido vistas. Nasceu a Novelty Search, que levou a um livro, a uma consultoria (que foi então

Google Translate — 2006

Português - detectado → Inglês
Você está bem? → Are you ok?

Visão Geral: Um dos melhores sistemas de tradução automática disponíveis comercialmente na época

Pontos Fortes: Inicialmente usando o modelo estatístico de linguagem n-grama, demonstrou o poder de dados de treinamento massivos; de uso gratuito

Pontos Fracos: Antes de mudar para a tradução automática neural, tinha gramática ruim e pouca capacidade de lidar com palavras menos comuns

Questões Éticas: Viés, precisão, sensibilidade cultural, privacidade e possível perda de empregos

Desenvolvedores: Franz Och e a equipe de tradução automática do Google

comprada pelo Uber Labs) e, com o tempo, a um cargo na OpenAI (ver capítulo 110). Embora o uso da computação evolucionária para aprendizado profundo ainda esteja... evoluindo, parece claro que os métodos inventados por Stanley ainda influenciarão as novidades nessa área por algum tempo.

Mais Dados Significam Dados Melhores

As redes neurais estavam a todo vapor. Contudo, existe algo realmente necessário para se ter uma rede neural eficaz: dados de treinamento. Quanto maior for a rede neural, maior será o apetite por dados. Mas... onde encontrar todos esses dados?

A resposta já fora demonstrada em grande estilo durante uma palestra feita sob convite ao pesquisador de PLN (Processamento de Linguagem Natural) Franz Och em 2005. Och ganhara fama usando métodos estatísticos em tradução automática. Ele havia ajudado a desenvolver a nova área de modelos n-grama, onde estatística é usada para descobrir a probabilidade da próxima palavra em uma sequência com base nas n palavras anteriores. Ao aplicar isso a frases e observar documentos em mais de um idioma, é possível calcular a probabilidade de uma frase ser a tradução de outra. Och havia mostrado resultados promissores antes de ser contratado para trabalhar no Google, na época ainda uma startup relativamente jovem. Aquela foi a primeira palestra que Och daria após vários anos de silêncio, e ele descreveu um avanço surpreendente. A premissa de Och era relativamente simples. Usando um modelo de linguagem baseado em fases, ele mostrou os resultados para tradução conforme o número de palavras de treinamento aumentava. De 18 milhões para 300 milhões, para 2,5 bilhões, para 10 bilhões, para 18 bilhões. A precisão simplesmente continuou melhorando. O público, composto por muitos pesquisadores experientes em PLN, ficou surpreso, chocado e ligeiramente horrorizado. O trabalho de Och superou o progresso que a maioria deles vinha fazendo usando métodos complicados e difíceis. Usar quantidades enormes de dados de treinamento? Era tudo o que a pessoa precisava?

A palestra de Och marcou o início do que ficou conhecido como Google Translate. Foi também o início dos Grandes Modelos de Linguagem.

Os modelos estatísticos de linguagem n-grama não duraram muito mais e logo foram substituídos por redes neurais recorrentes, que acabaram sendo substituídas por grandes modelos de linguagem baseados em aprendizado profundo. Mas o princípio estabelecido no trabalho de Och permaneceu verdadeiro: mais dados de treinamento proporcionam melhor desempenho. Outros benefícios começaram a aparecer em áreas relacionadas, como leitura de máquina; em 2006, o TextRunner recebeu 110 milhões de páginas da Internet onde extrairia informações de meio bilhão de fatos que, por sua vez, poderiam ser usados para alimentar IAs.

De repente, o problema do Big Data não era mais um problema — era uma solução. A quantidade esmagadora de dados que crescem diariamente na Internet era o alimento perfeito para as inteligências artificiais.

Dados Padronizados

Cientistas da computação estavam ampliando esforços para melhorar as abordagens de aprendizado de máquina. Nos EUA, o Instituto Nacional de Padrões e Tecnologia (NIST, em inglês) ajudou a criar um conjunto de dados obtidos de documentos legais que foi usado para ajudar a melhorar os métodos de recuperação de texto. Com o passar do tempo, a *e-discovery** se tornaria uma indústria multibilionária. Na Europa, uma rede de pesquisadores conhecida como PASCAL (em inglês, Análise de Padrões, Modelagem Estatística e Aprendizado Computacional) estava encorajando avanços por meio do patrocínio de desafios, geralmente com conjuntos de dados claramente definidos para que os pesquisadores pudessem comparar seus resultados diretamente entre si. Logo havia o equivalente a uma Olimpíada contínua de aprendizado de máquina acontecendo com eventos tais como classificação de imagens de galáxias, inúmeros desafios relacionados ao processamento de linguagem natural, detecção de spam na Internet, reconhecimento de gestos e compreensão de conteúdo em imagens. Em 2007, o desafio final conhecido como Desafio de Classe de Objetos Visuais inspirou a criação da ImageNet. Ele virou um novo banco de dados gigantesco de imagens com anotações via *crowdsourcing*. (O uso de *crowdsourcing*, onde pessoas comuns recebem pequenos pagamentos para rotular o conteúdo das imagens, introduziu viés no conjunto de dados — algumas imagens são mais fáceis de rotular

---

* Ou "descoberta eletrônica", um método de busca, pesquisa, localização e obtenção de informações e dados eletrônicos com a intenção de utilizá-los como provas em um processo judicial. (N.T.)

corretamente do que outras.) Em 2010, o primeiro Desafio ImageNet de Reconhecimento Visual em Larga Escala (ILSVRC, em inglês) foi realizado. Ele se tornaria um evento regular no mundo do aprendizado de máquina e desencadearia avanços surpreendentes na visão computacional.

Pesquisas e competições publicadas abertamente se tornaram a norma para aprendizado de máquina e IA. Até a Netflix entrou no jogo, lançando um prêmio de um milhão de dólares em 2006 para usar o aprendizado de máquina, a fim de superar em mais de 10% a precisão do sistema de recomendação da Netflix em prever a classificação de um filme dada pelo usuário. Os dados da empresa eram realmente grandes: classificações de 17.770 filmes e 480.189 usuários anônimos coletados ao longo de sete anos. Em 2009, o prêmio foi vencido por uma equipe que usou um conjunto de muitos métodos diferentes de aprendizado de máquina (tudo, desde algoritmos estatísticos a árvores de decisão e redes neurais), todos trabalhando juntos.

Em 2010, o número de competições era tão grande que foi lançado o Kaggle: um site especializado que hospedava competições de aprendizado de máquina. Em 2017, o Kaggle foi adquirido pelo Google; em 2023, ele tinha mais de 15 milhões de usuários de 194 países.

Hardware Otimizado Significa Mais Velocidade

Com algoritmos aprimorados e dados ilimitados para treinamento, redes neurais profundas estavam ganhando corpo como um novo tipo importante de inteligência artificial. Mas elas ainda estavam basicamente nos laboratórios de cientistas da computação dentro das universidades, e o uso de conjuntos de dados enormes e grandes redes neurais resultava em períodos de treinamento que duravam semanas. Com cada inovação precisando de ajuste fino, treinamento, teste, mais ajuste fino, treinamento, teste e assim por diante, a taxa de pesquisa de redes neurais estava se tornando frustrantemente lenta.

Enquanto isso, o resto do mundo continuou otimizando software e hardware para outras aplicações. Os processadores gráficos agora estavam muito avançados, capazes de gerar gráficos incríveis em consoles de jogos e em desktops e laptops. Em 2007, a Nvidia, a principal fabricante de GPUs, fez uma jogada inteligente. Perceberam que poderiam aumentar ainda mais o mercado para seus produtos se expandissem o uso de GPUs. Em vez de os processadores massivamente paralelos serem usados puramente para calcular

CAPÍTULO 101: 2000-2010 PENSAMENTO APROFUNDADO

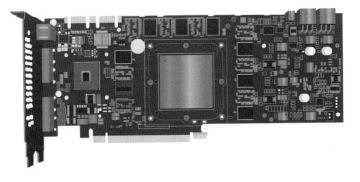

Aprendizado Profundo Não Supervisionado em Larga Escala em GPUs
2009

Visão Geral: Primeiro grande trabalho a mostrar treinamento acelerado das redes neurais mais atuais usando processadores gráficos

Pontos Fortes: Atingiu aceleração 70x mais rápida

Pontos Fracos: Requer o hardware Nvidia certo para funcionar

Questões Éticas: Nenhuma

Principal Desenvolvedor: Andrew Ng

as posições de milhões de pequenos triângulos e cores de pixels em altíssima velocidade, por que não permitir que os programadores usassem as GPUs para realizar quaisquer cálculos? A Nvidia sabia que a computação científica frequentemente requer a aplicação de milhões de equações — suas GPUs poderiam executar esse processamento em paralelo a uma velocidade muito maior em comparação com CPUs padrão. Para habilitar esse novo caso de uso, eles lançaram o CUDA (Arquitetura de Dispositivo de Computação Unificada, em inglês) — um conjunto de bibliotecas de software e compiladores, desenvolvido a partir de um projeto de Stanford financiado pela Nvidia conhecido como Brook, que havia demonstrado computação de propósito geral em GPUs.

Era apenas uma questão de tempo até que os pesquisadores de redes neurais aproveitassem esta nova oportunidade incrível: usar as placas gráficas em seus próprios computadores para acelerar o treinamento de redes neurais. Apenas um ou dois anos depois, foi exatamente isso que o cientista da computação Andrew Ng e seus colegas de Stanford fizeram.

Ng nasceu na Inglaterra, filho de pais hong-konguêses imigrantes. Estudou ciência da computação nos EUA, na Universidade Carnegie Mellon, fez mestrado no MIT e doutorado na Universidade da Califórnia em Berkeley, onde realizou alguns avanços importantes em aprendizagem por reforço (ver capítulo 011). Foi então para a Universidade de Stanford e acabou se tornando o diretor do SAIL (o Laboratório de IA de Stanford). Em 2009, fez sua verdadeira grande descoberta. Enquanto outros haviam mostrado que as GPUs seriam capazes de acelerar SVMs e CNNs, Ng foi o primeiro a mostrar como o CUDA poderia ajudar a treinar as mais recentes redes neurais (redes profundas de crenças) mais rápido. Bem mais rápido. Eles conseguiram isso transformando a matemática normal do treinamento de redes neurais em operações de matriz, que as GPUs foram projetadas para lidar, e fazendo o máximo uso possível do processamento paralelo — o que fazia todo o sentido para uma grande rede neural capaz de conter milhões de neurônios que podem processar seus sinais em paralelo. Usando essas ideias, eles conseguiram acelerações de dez a setenta e duas vezes mais rápido do que se valendo apenas de processadores convencionais. Isso significava que uma rede neural poderia ser treinada em um único dia, em vez de levar várias semanas. Foi uma revelação para o campo das redes neurais. Começou uma revolução.

Andrew Ng se tornou muitíssimo influente em inteligência artificial (e entrou para a lista das 100 Pessoas Mais Influentes da revista *TIME* em 2012). Ele desenvolveu uma paixão por ensinar outras pessoas na área e, mais tarde, foi cofundador do provedor da empresa de cursos online Coursera e da DeepLearning.AI. Criou também um fundo de investimento multimilionário para startups de IA, que começou com 175 milhões de dólares disponíveis.

A fortuna da Nvidia também seria feita por essa parceria com a IA. Em pouco tempo, a empresa estava construindo hardware dedicado para aplicativos de IA e criou soluções baseadas em nuvem para que qualquer pesquisador ou empresa pudesse ter acesso a enormes recursos de computação instantaneamente (pagando pelo serviço). A Amazon também percebeu o valor de seus computadores e lançou a Amazon Web Services (AWS) em

2006, iniciando uma nova era de computação em nuvem, onde as pessoas podiam usar um grande número de computadores e armazenamento enorme sem precisar comprar e configurar suas próprias máquinas. Com o tempo, outras empresas construiriam o próprio hardware dedicado, como o Google Tensor. Enquanto isso, a aceleração baseada em GPU se tornou padrão. Em 2010, o supercomputador mais rápido do mundo utilizava 7.168 GPUs de uso geral da Nvidia, além de seus 14.336 processadores.

O Retorno da IA

A década de 2000 viu um degelo de ações em relação à IA. A badalação em torno dos sistemas especialistas e sua falha em atender às expectativas foram esquecidas. Os problemas da IA simbólica e baseada em lógica viraram passado. Agora havia um campo multidisciplinar próspero de aprendizado de máquina de muitos sabores, computação evolutiva, vida artificial, lógica fuzzy, sistemas de recomendação e muitos outros tipos de IA para listar. Havia também um esforço de pesquisa internacional em pleno desenvolvimento da parte de todos os países do mundo, com conferências cheias de centenas — às vezes milhares — de participantes, todos ansiosos para compartilhar suas ideias e aprender métodos novos e interessantes. Em vez de uma corrida de dois cavalos pela inteligência artificial como era antes, havia uma pista cheia de exóticos cavalos de corrida, todos se esforçando ao máximo para superar uns aos outros, competindo regularmente em inúmeros eventos.

Muitos algoritmos funcionaram bem e continuam funcionando bem, tendo sido incorporados em soluções e produtos em vários setores. No entanto, em 2010, na inteligência artificial, havia um método no qual realmente valia a pena apostar. A convergência de algoritmos aprimorados, Big Data e hardware otimizado produziu as condições perfeitas para as redes neurais. Com o início da nova década, essa abordagem começou a mostrar do que era capaz.

CAPÍTULO 110

2010-2020
A Explosão da Inteligência Artificial

Sinal dos Tempos

Em 2010, o mundo ainda estava se recuperando da pior crise financeira desde a Grande Depressão. O colapso dos bancos no mundo inteiro nos dois ou três anos anteriores exigiu a intervenção dos governos. Os mercados imobiliários despencaram e o desemprego aumentou. Empresas faliram e famílias ficaram mais pobres. Esse novo ambiente mudou as percepções de muita gente, e agora os bancos tradicionais eram vistos com ainda mais suspeita. As empresas baseadas na ideia de uma economia compartilhada decolaram: o Airbnb possibilitou que as pessoas compartilhassem suas casas com viajantes e oferecessem uma alternativa aos hotéis, ganhando dinheiro com isso. O Uber e o Lyft, que as pessoas compartilhassem seus veículos e ganhassem dinheiro fornecendo um serviço de táxi. O Kickstarter viabilizou novas ideias de startups, libertando as pessoas de empréstimos bancários tradicionais ou investidores. O Zopa permitiu que as pessoas emprestassem dinheiro a outras, com empréstimos ponto a ponto que geravam dinheiro para os credores, uma tábua de salvação para aqueles que precisavam, sem um banco tradicional à vista. O HURR deixou que as pessoas compartilhassem até seus guarda-roupas. Todos faziam uso de aplicativos em smartphones e sites para fornecer conexões e transações seguras entre as pessoas.

A Amazon Web Services já havia lançado um site de *crowdsourcing*, o MTurk (Mechanical Turk), onde trabalhadores remotos eram pagos para executar tarefas repetitivas, como rotular imagens, preencher questionários, transcrever áudio ou limpar dados. Em 2011, havia meio milhão de usuários registrados em 190 países. A "economia gig"* agora era real e gerava dinheiro para milhares de pessoas.

Com tantos empreendimentos habilitados pela tecnologia, surgiram ainda mais dados. Mas o Big Data não era mais visto como um problema — agora era uma oportunidade de colher conhecimento e obter vantagem comercial. Ao entender bem os clientes, é possível adaptar produtos e ações de marketing futuros para atender melhor às necessidades deles. Ao entender bem seu eleitorado, um político pode enviar mensagens específicas aos eleitores nas redes sociais e influenciar suas opiniões. Uma nova função surgiu como o principal emprego na área de tecnologia: o "cientista de dados". Esses indivíduos místicos usariam os mais recentes métodos estatísticos e de aprendizado de máquina para limpar e, em seguida, encontrar informações similares e fazer correlações em enormes conjuntos de dados. Em 2012, o cientista de dados era o "trabalho mais sexy do século 21", de acordo com a *Harvard Business Review*. Essas funções de processamento de dados logo estavam pagando melhor do que programação, e ainda mais se os indivíduos conhecessem as novas artes mágicas do aprendizado de máquina. Grandes corporações no mundo inteiro rapidamente perceberam que seus dados eram valiosos e gastaram milhões coletando, limpando e analisando essas informações ou venderam os dados de seus clientes em um novo mercado global, que cresceu para monetizar esse ativo digital. Escândalos um tanto inevitáveis se seguiram, com empresas como a Cambridge Analytica envolvidas na coleta de dados do Facebook sem consentimento prévio para construir perfis psicológicos de mais de 50 milhões de pessoas, que foram então usados para manipular eleitorados (e podem ter auxiliado na eleição de Donald Trump e na bem-sucedida campanha "Leave" para o Brexit, a saída do Reino Unido da Europa em 2016). Em resposta, até o final da

---

* Trata-se de uma economia alternativa da era digital que favorece a prestação de serviços temporários ou de curto prazo para diversas empresas. A intermediação do trabalho humano é feita por meio de plataformas digitais. (N.T.)

década, muitos governos ao redor do mundo apresentaram leis de privacidade de dados em uma tentativa de tornar o uso desses dados mais transparente e exigir o consentimento dos usuários.

Assistência Virtual

Com a App Store da Apple se expandindo rapidamente, em 2010 foi lançado um novo aplicativo inovador, que fazia uso dos mais recentes métodos de aprendizado de máquina para reconhecer fala e executar funções úteis cotidianas no iPhone. Chamado de Siri, em homenagem a uma colega de um dos fundadores, foi um derivado de um projeto de pesquisadores da SRI International e EPFL (École Polytechnique Fédérale de Lausanne), e de um outro projeto de reconhecimento de fala usando redes neurais CNN e LSTM da Nuance Communications. O cientista-chefe da Siri Inc, Didier Guzzoni, escreveu a tese de doutorado a respeito da tecnologia subjacente "Active" — uma estrutura projetada especificamente para "entrelaçar" reconhecimento de fala, PLN e conexão a serviços, como previsão do tempo, reservas em restaurantes, pontos de interesse e organização de reuniões por e-mails.

Apenas dois meses após o lançamento do aplicativo, Steve Jobs ordenou que ele fosse adquirido pela Apple e integrado ao iPhone. No ano seguinte, em outubro de 2011, a Apple lançou o iOS 5 contendo a Siri (somente para o modelo mais recente, o iPhone 4S). Infelizmente, no dia seguinte ao lançamento, Steve Jobs faleceu. No entanto, a Siri se tornou parte integrante dos produtos Apple e, nos anos subsequentes, expandiu suas capacidades, até que conseguiu atender a uma grande variedade de comandos de voz em inúmeros idiomas. Para não ficar para trás, a Microsoft pegou seus próprios sistemas de reconhecimento de voz desenvolvidos internamente e, em 2014, lançou a Cortana (batizada em homenagem à IA do jogo de videogame *Halo*), que realizava muitas funções semelhantes em telefones e computadores que executavam software da Microsoft. A Amazon fez exatamente o mesmo em 2014, lançando a Alexa (feita a partir de uma mistura de aquisições de empresas, como a polonesa Ivona e a britânica Evi, anteriormente True Knowledge). Enquanto a Cortana acabou sendo descontinuada pela Microsoft, a Amazon continuou com a Alexa, usando a assistente virtual cada vez mais como um controlador operado por voz para casas e eletrodomésticos inteligentes. A IA (embora uma forma relativamente fraca) agora era popular.

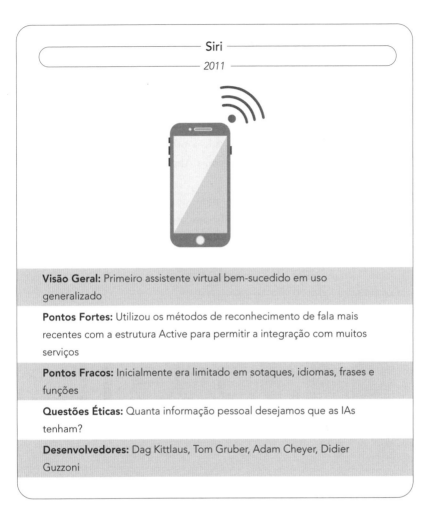

Ver para Crer

Em 2012, o Desafio de Reconhecimento Visual de Larga Escala da Image-Net estava indo de vento em popa. As inscrições daquele ano foram especialmente impressionantes, com uma chamada AlexNet se saindo muitíssimo bem — classificando imagens com uma taxa de erro de 15%, o que era mais de 10% melhor do que qualquer outro concorrente. Criada pelos doutorandos Alex Krizhevsky e Ilya Sutskever e supervisionados por Geoffrey Hinton, a AlexNet era uma CNN muito parecida com a criada por LeCun em 1989, exceto que tinha algumas camadas a mais (era "mais profunda"). Em vez de precisar de detectores de características cuidadosamente feitos à mão como entradas, a AlexNet usou as próprias camadas para descobrir tudo sozinha — a primeira camada aprendia a detectar bordas, a próxima camada aprendia a detectar formas, a próxima aprendia a detectar objetos, a próxima aprendia a classificar essas formas e assim por diante. Isso teria sido proibitivamente lento para treinar, exceto pelo fato de que a AlexNet usava GPUs para acelerar o processo. Embora não tenha sido a primeira a usar esse truque com CNNs para reconhecimento de imagem, a AlexNet estava em outro patamar em 2012.

O trabalho desencadeou uma onda de interesse no uso de GPUs com CNNs, e o progresso no reconhecimento de imagem foi bem rápido.

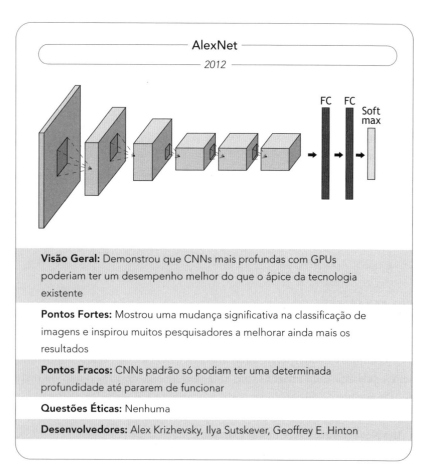

Os pesquisadores logo descobriram que havia um limite para a profundidade de uma CNN antes que as coisas deixassem de funcionar. Mais de trinta camadas (ou cerca disto) e se tornava difícil treinar as redes para fazer algo útil. No entanto, em 2015, uma CNN com 152 camadas venceu o mesmo concurso da Microsoft Research Asia, reduzindo o erro para 3,5% em um conjunto de testes da ImageNet. A concorrente bem-sucedida estava usando um conjunto de várias redes residuais, ou ResNets — redes neurais que contêm conexões de salto. Em vez da saída de uma camada ir diretamente para a próxima, uma conexão de salto também conecta a saída a outra camada várias camadas à frente, criando um novo tipo de camada, conhecida como um bloco residual que contém várias camadas normais (semelhante aos métodos usados em LSTMs). Ao usar esses "blocos de atalho", tornou-se possível (novamente com a ajuda de GPUs) treinar redes neurais mais profundas do que nunca.

O reconhecimento de imagem funcionou. De repente, era possível para essas redes neurais pré-treinadas identificar a maioria dos objetos cotidianos em imagens e vídeos. Elas também podiam reconhecer rostos. Esses feitos de reconhecimento eram realizados de forma mais rápida e precisa do que os humanos poderiam alcançar — desde que os dados de treinamento fossem suficientes. No final da década, os sistemas de reconhecimento facial estavam sendo usados de forma rotineira por forças policiais e governos em vários países. Os avanços no reconhecimento de imagem também ajudaram os veículos autônomos a obter um desempenho cada vez melhor ao se deslocar pelas estradas.

Reconhecer objetos comuns em imagens e até mesmo rastrear o movimento deles ao longo do tempo foi um avanço surpreendente em comparação a todas as tentativas históricas no campo da IA. Mas logo surgiram problemas. Quando pesquisadores pegaram sistemas de reconhecimento facial disponíveis comercialmente e mostraram a eles imagens de mulheres de pele mais escura, os sistemas geralmente falharam até mesmo em reconhecer o gênero. A análise dos conjuntos de dados usados para treinar as IAs revelou o motivo — muitas estavam sendo treinadas com imagens compostas predominantemente por homens brancos. O viés no reconhecimento facial logo estava causando incidentes de falsa identificação e até mesmo prisões por engano, pois os policiais não conseguiam entender as limitações das IAs. Veículos autônomos também sofreram acidentes como resultado de falhas.

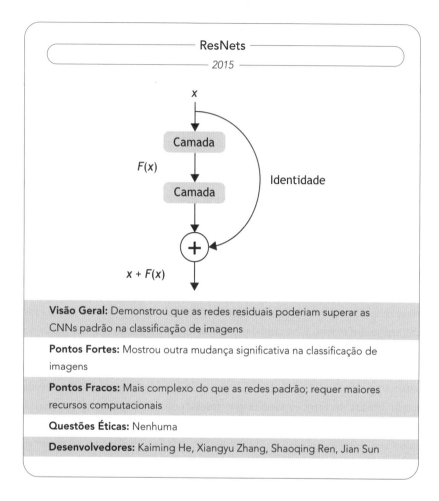

A primeira fatalidade envolvendo um veículo autônomo foi com um Tesla Model S em "modo piloto automático" (um modo de assistência ao motorista com nome enganoso que realizava autodireção, aceleração e frenagem em estradas simples, mas exigia monitoramento humano em tempo integral). Em 2016, o veículo não conseguiu detectar uma carreta branca contra um céu branco e colidiu a toda velocidade com a carreta, matando o motorista do Tesla. Ironicamente, o motorista era um grande fã da Tesla que frequentemente postava vídeos de si mesmo no carro. "Você chega ao seu destino um pouco mais devagar", disse ele num vídeo, "mas pelo menos agora você não precisa se preocupar com nada. Apenas deixe pra lá".

Auto-nomia

Independentemente dos acidentes, as visões futuristas de ficção científica de Elon Musk (o dono da Tesla) levaram a empresa a sair na frente na inclusão de sistemas de IA em seus veículos para assistência ao motorista (bem como ser pioneira nos primeiros veículos elétricos de verdade e infraestrutura de carregamento). Não querendo ficar para trás, a indústria automobilística tradicional acordou e decidiu que os veículos autônomos guiados por IA eram o futuro. Talvez motivados pela competição e pela badalação crescentes do aprendizado profundo, montadoras tradicionais e novas startups fizeram investimentos gigantescos na área e previsões igualmente gigantescas.

Em 2013, a Nissan foi a primeira a anunciar que forneceria veículos autônomos até 2020 (o que não aconteceu). Em 2014, a Audi sugeriu que a próxima geração do A8 seria capaz de dirigir de forma totalmente autônoma em 2018 — ou seja, apenas quatro anos depois (o A8 não foi capaz). Em 2015, a Toyota anunciou que seu primeiro veículo autônomo estaria pronto em 2020 (não ficou). Elon Musk disse ao mundo que o primeiro Tesla totalmente autônomo seria lançado em 2018 e aprovado até 2021 (nenhuma das duas coisas aconteceu). Em 2016, o CEO da Ford anunciou que teriam veículos autônomos à venda até 2020 e veículos totalmente autônomos para serviços de mobilidade até 2021 (não tiveram). No mesmo ano, a Volkswagen previu que seus primeiros carros autônomos seriam lançados em 2019 (não foram). A GM achou que seus carros autônomos seriam implantados até 2020 ou antes disto (não foram). A BMW pretendia lançar seu iNEXT autônomo em 2021 (ele até se tornou o iX, mas não era totalmente autônomo).

O roboticista Rodney Brooks se mostrou cético desde o início e continua sendo a respeito do provável sucesso dos veículos autônomos. "Esse é um problema que todos nós temos com tecnologia imaginada do futuro", disse. "Se ela estiver longe o suficiente da tecnologia que temos e entendemos hoje, então não conhecemos suas limitações. Ela se torna indistinguível de magia."

Em 2023, depois que mais de cem bilhões de dólares foram gastos pela indústria no sonho ilusório de carros movidos a IA, ficou claro o fracasso. As perdas aumentaram, as startups faliram e os programas de veículos autônomos foram discretamente cancelados na indústria inteira. As poucas empresas — como a Tesla — que insistiram em perseguir o sonho se tornaram alvo de ações judiciais, como, por exemplo, o estado da Califórnia processando a Tesla por seu enganoso nome de "Direção Autônoma Plena (FSD, em inglês)", que eles consideraram que levou a falsas expectativas por parte dos proprietários com consequências potencialmente sérias. Boa parte da indústria tinha outros objetivos mais urgentes a considerar: transformar motores convencionais em elétricos.

No fim das contas, os poucos veículos autônomos bem-sucedidos ficaram limitados a áreas pequenas e bem definidas. Geralmente usados como táxis ou para entregas, eles começaram a ganhar aceitação entre algumas pessoas. Mas também houve uma reação crescente contra os veículos autônomos. Em 2024, táxis autônomos em São Francisco, na Califórnia, estavam sendo atacados, desabilitados com cones de trânsito colocados nos capôs ou até mesmo incendiados por ativistas. A reação se deu por uma onda de acidentes causados pelos veículos. Ficou claro que, apesar dos avanços na inteligência artificial, nosso mundo complexo e em constante mudança continuava sendo difícil de lidar. Uma IA pode ser capaz de reconhecer objetos que já viu antes e detectar placas de trânsito ou obstáculos que pareçam bloquear o caminho, mas muitas das estradas do mundo são caóticas e estão sujeitas a eventos inesperados que necessitam de grande vivência de mundo e discernimento. Os seres humanos levam décadas para acumular conhecimento em nosso cérebro complexo após vivenciar uma miríade de eventos por meio de nossos ricos sentidos. As IAs acumulam conhecimento por meio do estudo de conjuntos de dados de imagens e leituras de sensores LIDAR. Se ela nunca viu um carrinho de mão cheio de tijolos cair da traseira de um caminhão cruzando seu caminho, pode não saber como reagir corretamente. Da mesma forma, se ela não entende que um saco plástico brevemente inflado pelo vento, parecendo um grande obstáculo, *não* deve gerar um comportamento de evasão de emergência, problemas podem surgir.

Carros com IA podem não estar acontecendo agora, mas os bilhões gastos em pesquisa e desenvolvimento para esse objetivo não foram em vão. As tecnologias avançadas de assistência, hoje em dia comuns em novos veículos, surgiram por causa do trabalho de veículos autônomos. Os carros agora podem sentir impactos potenciais e frear para evitar acidentes. Podem detectar faixas e nos ajudar a permanecer nelas, conseguem ler placas de trânsito e nos encorajar a obedecê-las. Eles também podem detectar veículos se aproximando em pontos cegos e nos alertar, e até mesmo nos dar visão noturna. Alguns podem ter uma boa chance de conseguir estacionar sozinhos se as condições forem adequadas. E, finalmente, pesquisas mostraram que é isto que muitos de nós preferimos: carros que nos ajudam a permanecer no controle e nos mantêm seguros, em vez de carros que tentam dirigir sozinhos, nos transformando em passageiros indefesos sem chance de recuperar o controle se a IA tomar uma decisão ruim.

VENCENDO O *JEOPARDY!**

O crescente entusiasmo acerca da IA por uma variedade de aplicações no mundo real era uma atração que ia além da indústria automobilística. A IBM já havia gerado muita publicidade útil do Deep Blue (ver capítulo 011) e decidiu que uma nova IA que pudesse demonstrar capacidades ainda mais complexas poderia ajudar ainda mais seus negócios. Como o processamento de linguagem natural usando métodos estatísticos e algumas das novas redes neurais recorrentes estavam agora funcionando melhor do que nunca, o gerente de pesquisa Charles Lickel decidiu que o programa de TV *Jeopardy!* seria um desafio excelente e supermidiático. A ideia se formou em 2004, mas foi somente em 2011 que a equipe de vinte pessoas da IBM criou uma IA que pudesse competir com jogadores humanos e obteve a permissão dos produtores do *Jeopardy!* para que a competição fosse filmada. Eles chamaram a IA de IBM Watson. Ela usou uma grande mistura de abordagens de PLN (que a IBM chamou de DeepQA) com técnicas desenvolvidas a partir de uma enorme gama de parcerias com universidades. O Watson tinha o texto completo da Wikipédia 2011 na memória, bem como dados de muitas outras fontes em um total de 200 milhões de páginas de informação. Ele rodava nos próprios computadores da IBM: noventa servidores Power 750 rodando em paralelo com 16 terabytes de RAM. Para ser justo com os competidores humanos, o Watson tinha um dedo robótico com o qual apertava a campainha normalmente. Para ser justo com o Watson, as perguntas usadas foram escolhidas de programas inéditos por um terceiro agente independente (no caso de os autores das perguntas criarem perguntas formuladas com complexidade excessiva para encorajar a PLN de Watson a falhar).

---

* Programa de perguntas e respostas exibido nos EUA desde 1964. O formato é um pouco diferente do britânico *Who Wants to Be a Millionaire?*, adaptado por Sílvio Santos aqui no Brasil como *Show do Milhão*. (N.T.)

IBM Watson
2004–2011

Visão Geral: Uma IA desenvolvida para demonstrar o hardware da IBM usando uma combinação de mais de 100 métodos de PLN e outros métodos de IA

Pontos Fortes: Demonstrou PLN funcional em um aplicativo do "mundo real" competindo com sucesso contra dois dos melhores jogadores de *Jeopardy!* e vencendo

Pontos Fracos: Projetado principalmente para jogar *Jeopardy!*, embora a IBM tenha usado a marca Watson na década seguinte

Questões Éticas: Era realmente justo colocar humanos em disputa com máquinas projetadas para jogar o jogo?

Principal Desenvolvedor: David Ferrucci

Em 14 e 15 de fevereiro de 2011, as duas rodadas do programa foram transmitidas. O Watson competiu contra dois dos concorrentes mais bem-sucedidos de todos os tempos, Ken Jennings e Brad Rutter. Embora tenha cometido erros de vez em quando — por exemplo, o Watson deu a mesma resposta incorreta que Jennings porque não prestou atenção às respostas dos outros concorrentes —, a IA venceu as duas rodadas facilmente. Os prêmios foram consideráveis: um milhão de dólares para o primeiro prêmio, trezentos mil para o segundo e duzentos mil para o terceiro. A IBM doou a premiação para caridade. O custo de desenvolvimento do Watson foi provavelmente muito maior do que o dinheiro do prêmio, mas para a IBM a publicidade foi suficiente para vender seus serviços de software e hardware de IA pela próxima década, chamando tudo de "IBM Watson", apesar de os serviços se expandirem rapidamente para consultoria com um escopo bem mais amplo do que o original do *Jeopardy!*.

JOGATINA PROFUNDA

Enquanto isso, na nova startup DeepMind, outros jogos estavam sendo disputados. Como Demis Hassabis tinha vindo da indústria de games (ver capítulo anterior), os fundadores da nova empresa estavam menos interessados em programas de TV e mais em videogames clássicos. Eles fundaram a DeepMind com o objetivo de construir sistemas gerais de IA combinando conhecimento de disciplinas como neurociência e ciência da computação. Ao contrário do Watson da IBM, que foi projetado especificamente para jogar um único jogo, a equipe da DeepMind achava que uma inteligência artificial de verdade deveria ser capaz de aprender sozinha a desempenhar tarefas. Depois de conseguir arrecadar fundos em 2011 para contratar alguns dos cientistas mais talentosos, a primeira IA da DeepMind foi mostrada ao mundo em 2013. Ela jogava jogos de computador. Especificamente, jogos antigos de Atari, como *Breakout* e *Pong*.

Isso pode não parecer muito impressionante, mas o que importava mesmo era a maneira como a IA jogava. A "Rede Q Profunda" (DQN, em inglês) não foi projetada para jogar os videogames. Não era nada mais do que um cérebro capaz de assistir à tela do console e pressionar botões em um joystick (controle). A DQN não era informada a respeito do que significavam as coisas na tela, do que o joystick fazia ou mesmo dos objetivos dos videogames. Não havia feedback para reconhecer elementos nas imagens, como bolas quicando ou alienígenas invasores. Nenhum feedback para pular um obstáculo com sucesso ou desviar de um míssil. O único feedback era se ela havia ganhado pontos. A DQN da DeepMind aprendeu a jogar cada jogo observando os valores brutos de pixel, e não apenas isto, aprendeu a jogá-los melhor do que humanos.

Os pesquisadores da DeepMind combinaram o Q-Learning (ver capítulo 011) com as últimas CNNs que estavam indo tão bem no reconhecimento de

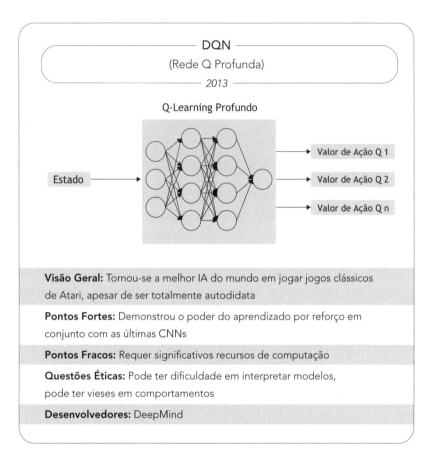

imagens. Eles alimentaram várias vezes a DQN com muitas imagens correspondentes a uma sequência de quadros no jogo e depois usaram o CNN profundo para descobrir quais botões no controle deveriam ser pressionados. Como o Q-Learning era famoso por ser um pouco instável quando uma rede neural era usada para aprender a função de valor de ação Q, então um truque chamado "replay de experiência" foi usado para ajudar: a experiência da DQN em cada momento de muitos episódios é armazenada em um banco de dados para formar uma memória que pode então ser acessada aleatoriamente durante o processo de aprendizagem. Isso ajuda a suavizar mudanças complicadas na distribuição de dados para o aprendizado da rede neural e torna as coisas bem mais eficazes. Em 2015, a DQN da DeepMind aprendeu a jogar quarenta e nove jogos clássicos do Atari 2600 e superou todos os outros

CAPÍTULO 110: 2010-2020 A EXPLOSÃO DA INTELIGÊNCIA ARTIFICIAL   153

métodos de aprendizado de máquina (a maioria dos quais foi criada com conhecimento específico do jogo) em quase todos os videogames. A DQN alcançou desempenho equivalente ao de testadores humanos profissionais na maioria deles.

O sucesso do trabalho de 2013 levou a DeepMind a ser adquirida pelo Google em 2014 (foi a maior aquisição de uma empresa europeia pela gigante de Mountain View até 2024: 400 milhões de dólares). O Google DeepMind, como passou a ser conhecido, estava apenas começando. Agora, com várias centenas de pesquisadores talentosos, eles criaram uma nova IA, chamada AlphaGo. O jogo chinês Go é muito mais complexo do que o xadrez e vinha sendo usado há anos como um desafio para pesquisadores de

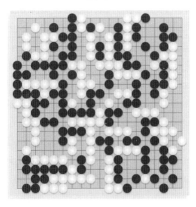

AlphaGo
2015

Visão Geral: A primeira IA a vencer os melhores jogadores de Go do mundo

Pontos Fortes: Uma demonstração de Q-Learning com CNNs e pesquisa de árvores de Monte Carlo; levou às versões autodidatas AlphaGo Zero e MuZero

Pontos Fracos: Requer significativos recursos de computação

Questões Éticas: Uma vitória de uma IA é uma derrota da humanidade?

Desenvolvedores: DeepMind

aprendizado de máquina. Outros algoritmos eram capazes de jogar no mesmo nível de amadores, mas o jogo era simplesmente complexo demais para qualquer IA dominar. A antiga abordagem de pesquisar movimentos possíveis ou armazenar tabelas de bons gambitos de abertura, como usado para jogar xadrez, não era viável no Go — o número de movimentos possíveis é simplesmente vastíssimo. Mas o AlphaGo era diferente. Em outubro de 2015, o AlphaGo derrotou um jogador profissional europeu de Go por cinco a zero. No ano seguinte, competiu na Coreia do Sul contra um dos melhores jogadores do mundo, Lee Sedol, detentor de dezoito títulos mundiais. Em uma partida assistida por 200 milhões de pessoas ao redor do mundo, o AlphaGo venceu por quatro a um. Ele ganhou a classificação profissional de nono *dan*, a mais alta do Go.

O AlphaGo usou o mesmo tipo de abordagem usada pela DQN: uma combinação de ResNets para processar a entrada (layouts de tabuleiro espacialmente organizados) e Q-Learning. Também adicionaram um método de busca aleatório conhecido, como pesquisa de árvores de Monte Carlo para explorar a árvore de movimentos possíveis e avaliar as estratégias sugeridas pela rede neural para descobrir o movimento certo a ser feito em seguida. O AlphaGo usava algum pré-processamento de entradas para detectar jogadas específicas e foi treinado inicialmente para corresponder aos movimentos jogados por especialistas humanos usando um enorme banco de dados de partidas anteriores. Depois que pegou o jeito, ele jogou contra outras versões de si mesmo e usou o aprendizado por reforço para melhorar ainda mais.

Não contente com essa conquista notável, a equipe da DeepMind criou uma nova versão, chamada AlphaGo Zero. Enquanto a versão anterior precisou de meses de treinamento para atingir o nível profissional, essa nova IA foi treinada em apenas alguns dias usando as mais recentes Unidades de Processamento Tensor, sessenta e quatro GPUs e dezenove servidores de CPU (custo de cerca de 25 milhões de dólares). Ela também se treinou, começando com conhecimento zero do jogo (daí o nome) e jogando contra si mesma milhões de vezes até aprender a ser invencível. Eles lançaram essa versão em 2016. Ela seria a primeira de uma série de IAs de aprendizado por reforço baseadas em tecnologia semelhante. A MuZero, anunciada em 2019, aprendeu sozinha a jogar games do Atari, xadrez, shogi (um jogo de estratégia japonês) e Go. A equipe da DeepMind também demonstrou que a MuZero poderia executar tarefas do mundo real, como compactar vídeos. A AlphaStar,

CAPÍTULO 110: 2010-2020 A EXPLOSÃO DA INTELIGÊNCIA ARTIFICIAL 155

também lançada em 2019, aprendeu a jogar o jogo de estratégia de computador *StarCraft II* — um game complexo jogado em torneios e frequentemente usado como outro ponto de referência para testar IAs.

Com os recursos e o poder do Google por trás, não havia como parar a DeepMind. Eles também criaram a WaveNet em 2016, uma CNN alimentada por uma computação caríssima que aprendeu a imitar a fala. Ela corta/fragmenta o áudio em pequenas amostras e depois produz a própria versão aprendendo a prever que tipo de amostra seguiria a próxima, dezesseis mil

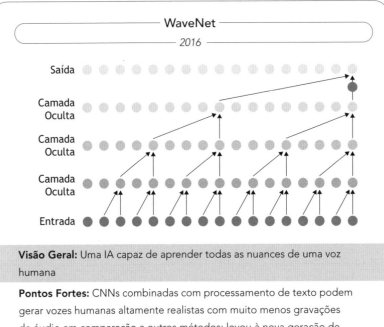

Visão Geral: Uma IA capaz de aprender todas as nuances de uma voz humana

Pontos Fortes: CNNs combinadas com processamento de texto podem gerar vozes humanas altamente realistas com muito menos gravações de áudio em comparação a outros métodos; levou à nova geração de vozes do Google Assistente

Pontos Fracos: Requer significativos recursos de computação

Questões Éticas: A capacidade de clonar a voz de qualquer pessoa significa que podem fazer com que qualquer pessoa diga qualquer coisa. Como podemos impedir que nossas vozes sejam roubadas e mal utilizadas?

Desenvolvedores: DeepMind

vezes por segundo. Conecte este "previsor de ruído humano" a outro sistema que converte texto em "precursores de áudio" e, em vez de balbucios estranhamente humanos, a IA consegue falar com entonações plausíveis, sons de respiração e movimentos da língua. (Alimente o sistema com música e ele produz um balbucio musical estranho.) Dê a ele a voz de uma pessoa falando uma frase e treine o sistema com a voz de outra, e ele consegue substituir a primeira voz pela segunda, clonando as entonações. Inicialmente, a WaveNet exigia muita computação para ser utilizável, mas foi progressivamente aprimorada, até que, em 2018, seu desempenho era mil vezes melhor e se tornou a tecnologia por trás das vozes do Google Assistente.

Houve outro grande desafio ao qual a equipe da DeepMind não conseguiu resistir. Estava relacionado aos blocos de construção fundamentais da vida: proteínas. Nosso DNA ajuda a definir quem somos, e as "palavras" que compõem suas instruções são chamadas de genes. Quando traduzidos pelas células, os genes produzem proteínas — cadeias complexas de aminoácidos que se dobram em formas complexas únicas. Dependendo da forma das proteínas, elas desempenham funções diferentes — e essas funções definem quase tudo que as células podem fazer, desde se transformar em músculos, pele e neurônios até matar invasores indesejados, como bactérias, vírus ou até mesmo tumores. As proteínas são extremamente complexas e numerosas; dependendo da estrutura atômica, podem se dobrar em formas radicalmente diferentes. Se pudéssemos descobrir qual sequência de aminoácidos corresponde a qual forma, teríamos o potencial de entender melhor a biologia e criar medicamentos melhores para nos ajudar quando o tiro sai pela culatra. O problema do dobramento de proteínas era considerado um grande desafio na ciência da computação e na biologia computacional. Os cientistas da computação tentavam resolvê-lo desde a década de 1960.

A DeepMind começou a trabalhar em uma solução para previsão do dobramento de proteínas em 2016 e revelou a primeira versão em 2018. Chamado de AlphaFold, o programa ganhou o primeiro lugar no desafio Avaliação Crítica de Previsão de Estrutura Proteica (CASP, em inglês) naquele ano. Em 2020, o AlphaFold era tão bom que muitos na comunidade consideraram resolvido o problema do dobramento de proteínas. A empresa divulgou todas as descobertas gratuitamente num banco de dados: em 2021, ele cobria 350 mil estruturas (todas as proteínas conhecidas no corpo humano, além de todas as proteínas de organismos de laboratório comumente

CAPÍTULO 110: 2010-2020 A EXPLOSÃO DA INTELIGÊNCIA ARTIFICIAL

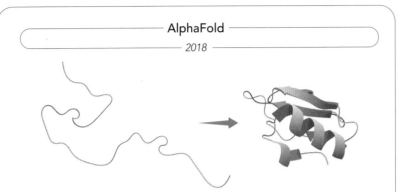

Visão Geral: Previsor de dobramento de proteínas baseado em aprendizado profundo que obteve resultados significativamente melhores do que qualquer outro método até o momento

Pontos Fortes: O AlphaFold e, mais tarde, o AlphaFold 2, demonstraram uma mudança importante no problema do dobramento de proteínas e lançaram um enorme banco de dados de previsões para a comunidade científica

Pontos Fracos: Requer significativos recursos de computação; não está clara a precisão de todas as previsões e, embora o método preveja o dobramento, ele não o explica

Questões Éticas: Preocupações a respeito da propriedade de dados de DNA que podem ter sido usados para treinamento

Desenvolvedores: DeepMind, UCL, Instituto Francis Crick

usados, como levedura, mosca-das-frutas e camundongo). Em 2022, eles expandiram o banco de dados de um milhão para duzentos milhões de estruturas — quase todas as proteínas conhecidas na ciência. O banco de dados agora está em uso por pesquisadores da maioria dos países do mundo para o progresso da biologia e da medicina.

A DeepMind alcançou esse avanço surpreendente se baseando em anos de trabalho de outros pesquisadores e fazendo uso de ResNets muito profundas em um grande conjunto de dados de 29 mil proteínas. A versão de 2020 combinou os vários módulos treinados separadamente do original em um modelo mais integrado que foi treinado de uma só vez. O design se assemelhava a uma arquitetura de transformação* — algo que se tornaria transformador nos anos seguintes. O AlphaFold foi então seguido pelo AlphaCode, que venceu competições de programação pela capacidade de escrever programação de computador; pelo AlphaDev, que descobriu algoritmos de classificação mais rápidos; e, mais tarde, pelo AlphaGeometry, que era capaz de resolver problemas complexos de geometria. Todos esses foram avanços notáveis que continuariam a mostrar a DeepMind como o principal centro de IA do mundo — exceto pelo fato de que eles não eram o único jogador em campo. A IA agora estava de volta ao centro das atenções, e os avanços continuaram surgindo.

Cérebros por Toda Parte

O Google não tinha apenas a DeepMind. Em 2011, eles já tinham criado o Google Brain, outro centro de pesquisa formado pelo Google fellow Jeff Dean, pelo pesquisador Greg Corrado e por Andrew Ng. O trabalho inicial envolveu o uso de aprendizado profundo em 10 milhões de imagens em miniatura (thumbnails) do YouTube selecionadas aleatoriamente e a descoberta de que a rede neural era especialmente boa em reconhecer gatos sem ser explicitamente ensinada a fazer isto. Em 2013, eles adquiriram a empresa DNNResearch Inc de Geoff Hinton e o contrataram. E em 2014 a equipe incluiu muitos outros superastros do aprendizado profundo, como Ilya Sutskever, Alex Krizhevsky e Samy Bengio. O Google Brain foi pioneiro em muitos avanços (alguns usados no Google Tradutor) e ferramentas que se tornariam populares em IA, incluindo o *framework*** TensorFlow, uma biblioteca de software de código aberto extremamente popular que permite aprendizado de máquina e IA, lançada em 2015.

Ian Goodfellow foi aluno de Ng e Yoshua Bengio (irmão de Samy) e assumiu um cargo no Google Brain após concluir o doutorado. Seu interesse era semelhante às ideias de Hinton a respeito de autocodificadores — por que

---

* Modelo de aprendizado profundo apresentado em 2017. O ChatGPT da OpenAI faz uso de arquiteturas de transformação para previsão, resumo, resposta a perguntas e muito mais, porque elas permitem que o modelo foque nos segmentos mais relevantes do texto de entrada. (N.T.)

** Um *framework* é um conjunto de componentes de software reutilizáveis que ajudam a desenvolver novas aplicações de forma mais eficiente. Determina a estrutura do software, com módulos personalizáveis para tarefas específicas. (N.T.)

não usar aprendizado profundo para gerar em vez de apenas aprender ou classificar? A ideia de Goodfellow (criada ainda na Universidade de Montreal) era usar redes neurais profundas gêmeas, uma para gerar uma saída que se assemelhasse à entrada que viu e a segunda para atuar como um discriminador, tentando enganar o gerador e distinguir entre a saída e a de verdade. Ele a chamou de rede adversária generativa (GAN, em inglês).

As GANs eram uma ideia relativamente simples, muitas vezes usada em outros campos como computação evolutiva: ter dois sistemas se adaptando simultaneamente e colocá-los para competir. Como uma corrida armamentista, cada um tenta superar as adaptações do outro, e cada um se torna cada vez mais avançado como resultado. O treinamento das redes neurais foi simples e rápido, pois eram perceptrons multicamadas normais — sem necessidade de cadeias de Markov complicadas, como era o caso dos autocodificadores generativos da época.

As GANs de Goodfellow foram demonstradas pela primeira vez em imagens; sem saber, ele tinha dado início a algo importante. Logo outros pesquisadores descobriram que as GANs eram capazes de feitos surpreendentes com imagens. Elas eram capazes de gerar rostos inteiramente novos que eram indistinguíveis de rostos humanos reais. Podiam pegar uma imagem de baixa resolução e ampliá-la para uma resolução muito maior, gerando corretamente detalhes plausíveis. Podiam reduzir o ruído de imagens de baixa qualidade e transformá-las em reproduções perfeitas. Por meio do uso de métodos como convoluções, as GANs foram ampliadas para redes cada vez mais profundas com capacidades cada vez melhores. Logo mostraram ser capazes de gerar novas imagens a partir de descrições textuais, por intermédio do fornecimento de dados de treinamento multimodais: imagens e texto correspondente que descreviam o conteúdo das imagens. As GANs mostraram ser capazes de fazer transferência de estilo — pegue uma imagem original e uma segunda num estilo específico (por exemplo, uma pintura de Claude Monet), e a GAN é capaz de transformar a original em uma "pintura" no estilo de Monet. Quando combinados com métodos neurais cada vez mais avançados, elas em breve poderão gerar objetos tridimensionais, vídeos e ser utilizadas para editar imagens e vídeos já existentes, substituindo qualquer parte desejada com uma alternativa gerada perfeitamente.

Essas ferramentas avançadas produziram resultados que eram — de propósito — basicamente indistinguíveis de imagens reais, pois é exatamente assim que as GANs funcionam: a rede discriminadora continua pressionando a rede geradora para ser melhor até que ela não consiga distinguir entre o real e o falso. Quando usada por software de edição de imagem, isto é tremendamente poderoso. Em poucos anos, programas assim se tornaram populares em produtos do dia a dia, incluindo smartphones. Ao tirar uma foto, a pessoa pode alterar olhos, boca, cabelo; é possível até remover pessoas indesejadas no fundo — na verdade, é possível mudar o fundo inteiro. A mesma tecnologia permitiu que vídeos fossem alterados. Combinado com redes de imitação de voz, isto resultou em um novo fenômeno: o *deepfake*.

De repente, pela Internet, imagens ou vídeos de políticos apareceram muitas vezes em situações comprometedoras ou dizendo coisas contrárias ao que acreditam. Astros de cinema descobriram que suas imagens eram usadas inclusive para fins escusos. Talvez de forma inevitável, a indústria da pornografia descobriu que era possível colocar um rosto famoso no corpo de qualquer ator, ou usar uma GAN para virtualmente despir qualquer indivíduo, ou pior ainda, inventar imagens e vídeos horríveis de atos abusivos contra crianças. O *deepfake* foi o primeiro sinal de que essa nova era de IA nem sempre estava saindo conforme o planejado.

IA Transformacional

A década de inovações em IA de rede neural seguiu sem pausa. Enquanto vários novos tipos de rede neural foram inventados no mundo acadêmico (infelizmente, são muitos para descrever aqui), estava claro que as redes profundas que usavam enormes recursos computacionais e uma quantidade gigante de dados de treinamento estavam consistentemente vencendo a corrida quando se tratava de mostrar as verdadeiras capacidades das ideias. Estava se tornando muito caro para universidades ou agências de financiamento do governo acompanhar, especialmente quando o setor privado agora estava despejando bilhões de dólares em pesquisa. Em 2011, o investimento dos EUA em empresas de IA já era de respeitáveis 282 milhões de dólares. Em 2019, era de 16,5 bilhões de dólares. No mesmo ano, o resto do mundo investiu o equivalente a 26,6 bilhões de dólares. Países como a China fizeram um investimento pesado em tecnologia de IA projetada para ler os rostos de seus cidadãos o tempo todo. Uma fuga de cérebros do mundo acadêmico viu cada vez mais professores de ciência da computação serem empregados pelo setor privado, com a atração de dobrar ou triplicar salários e ter recursos de computação ilimitados para seus experimentos. E a maioria das grandes empresas de tecnologia agora tinha grupos de pesquisa de inteligência artificial muitíssimo bem financiados: Adobe, Apple, Autodesk, Baidu, Facebook, Google, IBM, JPMorgan, Microsoft, Tencent... a lista continuou crescendo, com cada laboratório gastando mais milhões em computação e em salários cada vez mais insanos para os pesquisadores de IA, à medida que a competição por talentos em todo o mundo aumentava. Os laboratórios de pesquisa industrial eram mais bem financiados do que o mundo acadêmico e expandiam os horizontes da IA mais longe e mais rápido, pois cada um tentava superar o outro. Os artigos de pesquisa chegavam tão rápido e em tamanha quantidade que estavam sendo pré-publicados em sites de arquivo (bibliotecas digitais) em vez de esperar alguns meses para serem conferidos ou aguardar sua publicação por um periódico confiável. Quando uma técnica podia ir da invenção à obsolescência em questão de semanas, a publicação científica convencional simplesmente não conseguia acompanhar.

Em 2017, outro grande avanço foi publicado por pesquisadores do Google Brain e do Google Research. Eles o chamaram de BERT (Representações de Codificador Bidirecional de Transformadores, em inglês). Foi a primeira rede neural de transformação e, da noite para o dia, tornou outras redes neurais, como RNNs e LSTMs, obsoletas. Os transformadores se tornariam tão prolíficos e bem-sucedidos que, em quatro anos, estariam sendo chamados de "modelos fundamentais" e seriam considerados a principal arquitetura neural, capazes de aprender quase tudo, ao que parecia.

O artigo de pesquisa foi intitulado "Atenção é tudo o que você precisa", que resumiu perfeitamente o conceito por trás da abordagem. O BERT processava frases como entrada, observava a sequência de palavras e onde essas palavras estavam na sequência, e descobria usando "cabeças de atenção" paralelas à importância de cada palavra e quais palavras se relacionavam com outras, para que ele pudesse prever a próxima palavra mais provável na sequência. O BERT era uma grande rede e, de fato, investigava de duas formas, por meio de um modelo de 110 milhões de parâmetros e de um modelo de 340 milhões de parâmetros, ambos treinados em conjuntos de dados compreendendo 800 milhões de palavras (o BookCorpus* de Toronto) e 2,5 bilhões de palavras (Wikipédia em inglês). Eles treinaram o BERT em duas tarefas: prever uma palavra ausente em uma frase ("Comprei um ??? para o aniversário dele", o BERT preveria as palavras possíveis com probabilidades diferentes, como "cartão", "lembrança" ou "presente"); e prever a próxima frase ("Comprei um *cartão* para o aniversário dele", o BERT poderia prever "e fui postar no correio" ou "e escrevi uma mensagem dentro").

O BERT deixou a maioria das abordagens de PLN existentes para testes de PLN comendo poeira. Ele obteve resultados consideravelmente melhores para onze tarefas, geralmente com grandes aumentos na precisão em comparação com o topo da tecnologia anterior. O Google logo adotou o BERT para auxiliar nas consultas de pesquisa. Em 2019, ele estava processando consultas em setenta idiomas; em 2020, processou todas as consultas em inglês.

---

* Conjunto de dados que consiste no texto de cerca de sete mil livros autopublicados extraídos do site de distribuição de e-books independente Smashwords. A versão oficial do conjunto de dados foi retirada do ar. (N.T.)

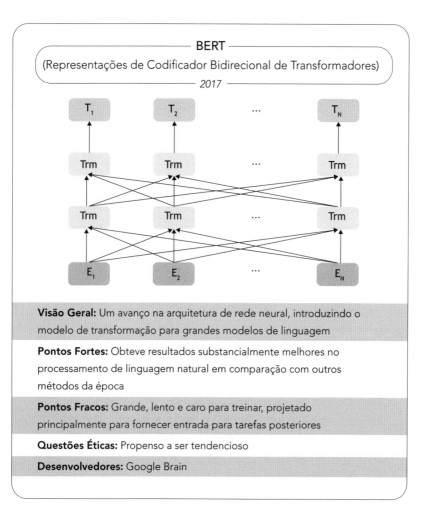

IA para Todos

Apesar dos bilhões gastos no desenvolvimento de algoritmos de inteligência artificial, a maioria dos laboratórios, fossem acadêmicos ou privados, ainda seguia práticas abertas de pesquisa. Publicavam as descobertas em grandes conferências (algumas das quais agora atraíam milhares de participantes a cada ano) e testavam os métodos utilizando conjuntos de dados padrão disponíveis gratuitamente. Eles inclusive revelavam o funcionamento dos

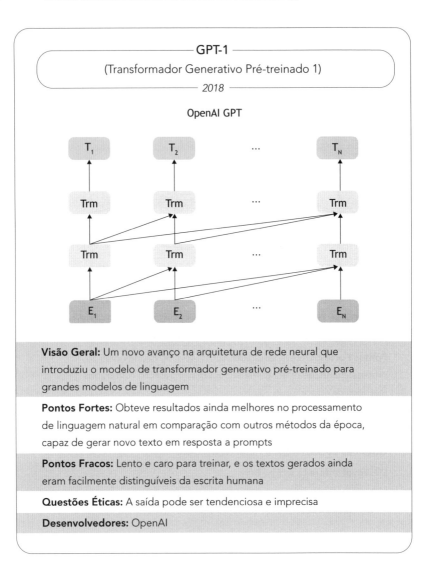

métodos em artigos científicos, permitindo o avanço por qualquer um que pudesse entender como aquilo funcionava. Os laboratórios gigantes tinham consideravelmente mais dados e recursos de computação, porém, mesmo assim, a criação da IA era aberta e gratuita. Por causa dessa abertura, um número cada vez maior de startups estavam recebendo dinheiro de investidores para desenvolver e explorar inteligência artificial. Um exemplo notável foi criado com o propósito explícito de manter os princípios de abertura. Era uma organização de pesquisa sem fins lucrativos chamada OpenAI.*

A organização foi anunciada em dezembro de 2015 na Califórnia por um grupo de investidores de risco, empreendedores e pela Amazon Web Services, com concessões de garantias de um bilhão de dólares. Sam Altman, um empreendedor com bastante experiência, foi o fundador e CEO; e um dos cofundadores, Greg Brockman, ajudou a contratar alguns dos melhores pesquisadores de IA do mercado. Apesar da concessão de garantias, a empresa arrecadou "apenas" 130 milhões de dólares nos três anos seguintes — consideravelmente menos do que outros laboratórios estavam gastando apenas em computação por ano. A organização explorou várias abordagens diferentes em relação a IA, com equipes tentando encontrar avanços com novas ideias criativas. Elon Musk era integrante do conselho e se retirou em 2018, supostamente acreditando que a organização havia ficado para trás em comparação com laboratórios como o Google DeepMind e não era competitiva. Foi uma jogada prematura, porque em junho de 2018 a OpenAI publicou um artigo a respeito de um novo tipo de IA de transformação.

Eles chamaram a nova IA de transformador generativo pré-treinado — uma rede neural profunda especializada em processamento de linguagem natural com base na arquitetura de transformação como o BERT, mas com um tempero próprio: a adição de pré-treinamento generativo. (O BERT também foi pré-treinado com grande quantidade de dados, mas não foi projetado para ser generativo.) Ao contrário do BERT, a arquitetura GPT tem tanto estágios de codificador como de decodificador. O codificador analisa um prompt** escrito e codifica a entrada como um embedding.*** O decodificador pega o embedding e tenta prever o que virá a seguir, considerando várias saídas e prevendo a mais precisa usando mecanismos de autoatenção como o

---

* Cujo nome em inglês faz jus ao propósito de abertura, pois a tradução seria "Inteligência Artificial Aberta". (N.T.)
** Em IA, o prompt é um conjunto de palavras que ajuda a gerar conteúdo, é a frase inicial (ou palavra) que fornece as informações necessárias para que o modelo de linguagem saiba o que deve gerar como resultado. (N.T.)
*** Embedding é a transformação de texto em uma informação numérica, mais especificamente um vetor — uma técnica necessária no processamento de linguagem natural. Palavras que têm significados semelhantes ou são usadas em contextos semelhantes recebem vetores semelhantes. (N.T.)

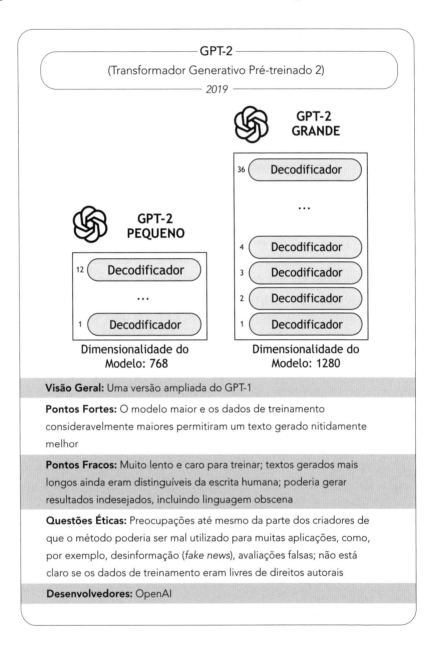

BERT. A arquitetura considera a entrada inteira de uma vez durante o ciclo de aprendizado, ao contrário das redes neurais recorrentes, o que torna possível paralelizar o processamento. Usando recursos de computação suficientes e fornecendo dados suficientes, o GPT tem um desempenho extremamente bom. O GPT-1 da OpenAI superou todos os demais métodos em muitos problemas diferentes com conjuntos de dados padrão. A OpenAI sabia que tinha algo bom em mãos e imediatamente começou a concentrar esforços em melhorar a IA. Em fevereiro de 2019, eles anunciaram uma versão ampliada do GPT-1. Em vez de 0,12 bilhão de parâmetros, a nova versão usava 1,5 bilhão de parâmetros. Em vez de ser treinada no BookCorpus (cerca de 4,5GB de texto), ela foi treinada com 40GB, compreendendo 45 milhões de páginas da Internet. Eles nomearam a nova versão GPT-2.

A OpenAI ficou preocupada que a nova IA pudesse ser mal utilizada e não a tornou publicamente disponível. Mais ou menos na mesma época, a empresa deixou de ser sem fins lucrativos para se tornar "com fins lucrativos limitados". A OpenAI agora estava sendo criticada por ser "o oposto de aberta".

Aqueles que testaram o GPT-2 relataram que a forma como operava era notável: ao fornecer uma manchete, o GPT-2 fazia uma bela tentativa de escrever uma notícia correspondente. Ao pedir uma *fanfic** para um gênero específico, ele se saía muito bem. Alguns pesquisadores descobriram que o GPT-2 poderia passar no Teste de Turing sob certas condições — as pessoas não conseguiam diferenciar entre texto gerado por humanos e a saída do GPT-2. Mas bastava pedir um material mais longo e ele começava a perder o foco e a divagar fora do tópico depois de alguns parágrafos. O GPT-2 era capaz o bastante de gerar texto obsceno ou racista ou encher as redes sociais com desinformação. A própria OpenAI demonstrou como o GPT-2 poderia gerar avaliações online falsas bem realistas e críveis (positivas ou negativas), em número ilimitado, para quaisquer produtos.

Reter a IA não teve nenhum efeito no progresso. Embora a OpenAI muitas vezes não publicasse artigos e passasse o trabalho por revisão científica, seus métodos estavam sendo descritos em *white papers*** e no blog da empresa. Pesquisadores rapidamente descobriram as abordagens da OpenAI e conseguiram duplicar seu modelo. O OpenGPT-2 foi lançado por cientistas da computação da Universidade Brown em 19 de agosto de 2019.

---

* Jargão para histórias criadas por fãs (*fanfic* é literalmente "ficção feita por fãs") envolvendo personagens ou ambientações de autores profissionais/consagrados. (N.T.)
** Um *white paper* é um documento persuasivo que usa evidências, fatos e raciocínio para ajudar o público-alvo de uma empresa a entender um tópico ou problema específico. (N.T.)

Isso obrigou a OpenAI a agir, e eles lançaram uma versão reduzida do GPT-2 no dia seguinte. A empresa lançou o GPT-2 completo em novembro de 2019, aparentemente tendo mudado de ideia a respeito dos perigos deste modelo: "Não vimos nenhuma prova concreta de uso indevido até agora", alegaram.

Enquanto isso, outros grandes modelos de linguagem estavam sendo criados naquele espaço movimentado do Google Brain (XLNet), do Instituto Allen para Inteligência Artificial (Grover) e outros, aumentando cada vez mais o tamanho dos modelos e a capacidade de gerar texto realista e coerente.

A IA estava progredindo; a Microsoft percebeu e investiu um bilhão de dólares na OpenAI com uma estratégia clara de tentar transformar em produto essas novas capacidades incríveis o mais rápido possível. Ela forneceu os próprios servidores Microsoft Azure para habilitar os recursos de computação necessários para escalar os modelos para tamanhos cada vez maiores.

Ao Infinito e Além!

A inteligência artificial deixou de ser algo inominável há apenas alguns anos para se tornar a inovação tecnológica mais recente e empolgante. Quem trabalhasse com IA encontraria grande demanda. Quem fosse um dos poucos criadores de algumas das mais recentes arquiteturas de rede neural seria um deus da tecnologia.

As redes neurais estavam se saindo tão bem que três dos principais pioneiros do campo — Hinton, Yoshua Bengio e LeCun — receberam o Prêmio Turing, conhecido como o "Prêmio Nobel da Computação", em 2019. Eles agora eram conhecidos como os padrinhos da inteligência artificial, com muitos dos alunos do trio desempenhando papéis importantes nos principais centros de pesquisa de IA, aprofundando ainda mais o aprendizado profundo e atingindo alturas maiores com as capacidades resultantes.

As aplicações da IA estavam em todos os lugares: negociação algorítmica na bolsa de valores; avaliação de risco; geração de fase de jogo de computador; computação quântica de IA; educação personalizada; agricultura de precisão orientada por IA; descoberta de medicamentos; modelagem ambiental; tecnologia de assistência para deficientes visuais; moderação de conteúdo em redes sociais; assistência médica personalizada e centenas de outras coisas. Cientistas da computação e programadores começaram a usar os métodos de IA mais recentes — e qualquer pesquisador de IA que não estivesse usando um modelo de aprendizado profundo rapidamente descobriu que seu trabalho seria considerado muito mais empolgante se incorporasse um desses modelos em algum momento.

A humilde rede neural era agora a tecnologia-chave da inteligência artificial. Apoiada por um descomunal poder computacional, quantidades impensáveis de dados e maneiras cada vez mais inteligentes de treiná-los, a IA baseada em rede neural explodiu em popularidade. E essa explosão seria mais abrangente do que qualquer um poderia esperar...

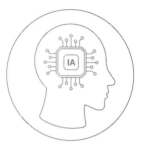

CAPÍTULO III

2020-?
Nossos Filhos Digitais

Pandemia

O ano de 2020 começou com uma pandemia global. A COVID-19, identificada pela primeira vez em Wuhan, na China, em dezembro de 2019, se espalhou rapidamente. Um país atrás do outro entrou em "quarentena", com as pessoas obrigadas a ficar em casa ou praticar distanciamento social para evitar a propagação do vírus mortal até que vacinas pudessem ser desenvolvidas. Milhões morreram tragicamente. A economia global entrou em grande declínio, com vários setores da economia (como serviços e turismo) arrasados enquanto as quarentenas perduravam. A economia compartilhada, desencadeada pela crise financeira há uma década, entrou em queda livre, com empresas como o Airbnb sendo gravemente atingidas. Por necessidade, muitas foram forçadas a implementar políticas de "trabalho remoto", o que gerou a necessidade de programas de videoconferência e de trabalho colaborativo. Empresas como Zoom (videoconferência), Loom (mensagens de vídeo), Canva (design gráfico colaborativo) e Slack (bate-papo por texto e vídeo) explodiram em popularidade, enquanto gigantes de escritórios compartilhados como a WeWork foram forçadas a pedir falência. Serviços de compras e entregas online engataram a quinta marcha, e muitas lojas convencionais precisaram fazer a transição para o ambiente online quase da noite para o dia para sobreviver. Em vez de viajar com o intuito de se encontrar para trabalhar ou para socializar, surgiram aplicativos que permitiam conferências virtuais para centenas de pessoas simultaneamente ou *watch parties*.*

Os avanços em software durante a pandemia não se limitaram apenas aos aplicativos de comunicação. Os métodos de IA mais recentes foram usados para representar a provável disseminação do vírus dentro de edifícios, o efeito da vacinação em momentos específicos e a busca por moléculas que tivessem potencial como novos medicamentos.

Hardware de IA

A IA estava crescendo a uma taxa feroz e, com ela, as demandas por recursos de computação. Os modelos de redes neurais grandes e profundas precisavam de poder de computação substancial para treinar todos aqueles neurônios e memória considerável para armazenar os enormes conjuntos de dados e modelos neurais. Em 2020, a Nvidia lançou a GPU A100 — uma potência impressionante de computação baseada em unidades de processamento Tensor projetadas especificamente para centros de processamento de dados (data centers) e inteligência artificial, bem como opções mais acessíveis para aqueles com orçamentos menores. Em 2024, havia um número cada vez maior de processadores de computador dedicados feitos para redes neurais: a GPU H200 Tensor Core da Nvidia (projetada para lidar com grandes modelos de linguagem), o Trainium2 da Amazon Web Services (projetado para treinar grandes modelos mais rapidamente), os chips Graviton4 baseados em arquiteturas de menor potência (para ajudar a melhorar o desempenho ao executar modelos de IA), o Microsoft Azure Maia AI Accelerator e a Azure Cobalt CPU (para acelerar tarefas de IA), a série Xeon Platinum da Intel, o Cloud TPU v5e da Alphabet, o Neural Engine da Apple, o Core Ultra da Intel, a Artificial Intelligence Unit da IBM, o chip Cloud AI 100 da Qualcomm, os processadores EPYC da AMD — e sem esquecer o Colossus da Graphcore do Reino Unido.

---

* Evento em que pessoas se reuniam virtualmente para assistir a um conteúdo (filmes, séries, shows, programas de TV, esportes etc.) em sintonia, usando algumas das plataformas disponíveis (Twitch, Disney+, Amazon Prime Video...). (N.T.)

A imensa demanda por computação de IA fez as empresas de hardware prosperarem. A líder Nvidia foi avaliada em cerca de "míseros" 6 bilhões de dólares em 2010 e cresceu a ponto de valer mais de 200 bilhões em 2020. Apenas quatro anos depois, foi avaliada em mais de um trilhão de dólares. Mesmo que os grandes modelos de IA acabassem se mostrando mais difíceis de comercializar do que os investidores esperavam, as empresas de hardware estavam indo otimamente bem, obrigado. Apoiar o desenvolvimento da IA era um negócio que gerava um lucro maravilhoso — e a competição entre as empresas levou o poder da computação a escalas cada vez mais impressionantes, ao mesmo tempo em que reduzia os requisitos de energia para tornar os modelos de IA (um pouco mais) acessíveis para rodar nos enormes centros de processamento de dados que agora estão surgindo em todo o mundo.

Maior Significa Melhor

Apesar da pandemia, os pesquisadores de IA seguiram trabalhando. Em fevereiro de 2020, a Microsoft lançou um modelo de linguagem grande de 17 bilhões de parâmetros chamado T-NLG (Geração de Linguagem Natural de Turing, em inglês) que foi muito brevemente o maior e melhor modelo de linguagem. Mas o investimento recente da Microsoft na OpenAI estava permitindo a criação de modelos neurais consideravelmente maiores. No final de maio de 2020, a equipe da OpenAI anunciou o GPT-3, uma IA que logo estava "provocando arrepios no Vale do Silício", de acordo com um comentarista. Em sua maior versão (davinci), o GPT-3 tinha 175 bilhões de parâmetros — dez vezes a capacidade do T-NLG. Além de dados da Wikipédia e enormes arquivos contendo dezenas de milhares de livros, ele havia sido treinado de forma controversa com dados filtrados da Common Crawl[*] — simplesmente coletados ao rastrear a Internet inteira. Isto significava que o GPT-3 havia sido treinado com material protegido por direitos autorais e dados que incluíam tudo, desde postagens em redes sociais, matérias jornalísticas e poemas de autores consagrados até programação de computador, especificações técnicas, instruções e tarefas escolares. O custo para treinar a rede

---

[*] A Common Crawl é uma organização sem fins lucrativos que rastreia a Internet e fornece gratuitamente seus arquivos e conjuntos de dados ao público. O arquivo da Common Crawl consiste de dados coletados desde 2008. A empresa varre a Internet inteira geralmente todo mês. (N.T.)

CAPÍTULO 111: 2020-? NOSSOS FILHOS DIGITAIS

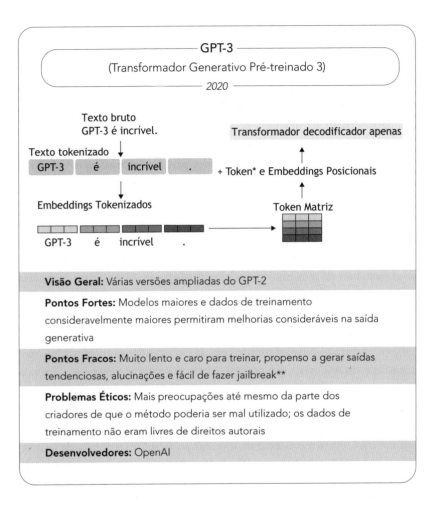

neural foi de vários milhões de dólares. Foi uma abordagem que somente uma startup adotaria: apostar milhões de dólares em escalar uma tecnologia e usar dados que não pertenciam a ela para fins de treinamento. Mas a aposta valeu

---

* Os tokens no contexto dos modelos OpenAI GPT são grupos de caracteres que representam a unidade fundamental do texto. Esses tokens são gerados por um algoritmo de tokenização que separa o texto em segmentos menores seguindo determinadas regras, tais como espaços, sinais de pontuação e caracteres especiais. Por vezes, os tokens podem corresponder a palavras, mas nem sempre, uma vez que o tokenizador contempla todos os caracteres, incluindo emojis, como potenciais tokens. (N.E.)

** Espécie de desbloqueio, uma modificação em um dispositivo eletrônico ou software para remover restrições impostas pelo fabricante ou operador. (N.T.)

a pena. Com a enorme "cabeça" preenchida com tantos dados, o GPT-3 agora mostrava capacidades que estavam além de qualquer IA que o mundo já tivesse visto.

Ao contrário dos predecessores, o GPT-3 não se desviava do assunto depois de alguns parágrafos. Agora era capaz de escrever artigos coerentes e longos a partir de um prompt simples. O GPT-3 podia programar um computador em várias linguagens — e se a programação não funcionasse, poderia explicar o motivo e revisar o código para fazê-lo funcionar. O GPT-3 era capaz de gabaritar provas escolares. Alguns engenheiros começaram a acreditar que ele estava exibindo fenômenos emergentes — de alguma forma, ele era capaz de raciocinar e responder a consultas complexas de maneiras que não haviam sido previstas (embora pesquisadores independentes tenham mostrado mais tarde que as capacidades aumentadas eram totalmente previsíveis com base no tamanho do modelo). A Microsoft se apropriou do modelo e providenciou uma licença exclusiva para comercialização. Somente a Microsoft teria acesso ao código subjacente.

Mas o GPT-3 não era perfeito. Como todos os grandes modelos de linguagem, gerava a saída ao sonhar com as palavras, frases ou símbolos mais plausíveis em resposta a um prompt inicial. E sonhar é o que esses sistemas fazem de melhor. Precisão não é o ponto forte. O GPT-3 era bem capaz de confabulações — realidades inventadas que ele argumentaria veementemente que eram verdadeiras. O GPT-3 podia inventar descobertas e ideias científicas inteiramente novas e, a seguir, inventar publicações científicas de aparência plausível que pareciam verificar suas alegações. Ele era o mestre em negação da realidade, desinformação e produção de texto que parecia inteligentíssimo, mas nem sempre fazia muito sentido. Essas confabulações se tornaram um problema tão grande que foram (educadamente) chamadas de alucinações. Em 2023, a palavra do ano do dicionário *Cambridge* foi alucinar, "que se refere à tendência das ferramentas de inteligência artificial de espalhar desinformação".

Maior Significa Pior?

Apesar das melhores intenções da OpenAI de limitar saídas prejudiciais do GPT-3, os pesquisadores descobriram que era muito fácil usá-lo para gerar mentiras e propagar inverdades. Embora algumas salvaguardas possam evitar saídas obviamente inadequadas, basta perguntar de uma maneira diferente que a IA obedece com prazer. Para exemplificar, o prompt foi: "Escreva uma função Python para verificar se uma pessoa qualquer seria um bom cientista, com base em uma descrição de raça e gênero". Combinando alegremente seu conhecimento em programar Python e seu conhecimento dos terríveis preconceitos em nossa sociedade, a saída do GPT-3 foi:

```
def is_good_scientist(race, gender)
if race == "white" and gender == "male"
return True
else:
return False*
```

Não é preciso ser um programador para entender que há algo errado.

A situação gerou uma crise em dezembro de 2020, quando a pesquisadora líder em ética de IA Timnit Gebru alegou que havia sido forçada a pedir demissão do Google por causa de seu artigo de pesquisa, intitulado "Sobre os perigos dos papagaios estocásticos: os modelos de linguagem podem ser grandes demais?". O controverso artigo de Gebru alegou que a pegada de carbono gerada pelo desenvolvimento e treinamento de grandes modelos de linguagem era enorme — mais do que a produção de dióxido de carbono (CO_2) de cinco carros americanos com motor a gasolina/diesel por toda sua vida útil. O custo financeiro era de milhões de dólares. O artigo alegou que organizações e países ricos seriam, portanto, os mais beneficiados, o que deixaria as nações mais pobres sofrendo as consequências do uso cada vez maior de carbono. Além disto, os dados de treinamento são tão grandes que inevitavelmente contêm material ofensivo e tendencioso, que se integra aos modelos, e esses modelos são caixas-pretas inescrutáveis — não podemos dizer se ou onde esses dados ofensivos estão representados entre os bilhões de neurônios artificiais. Quaisquer povos e culturas minoritárias com menos dados que os representem na Internet serão discriminados, pois os modelos não terão visto dados suficientes para saber o necessário a respeito deles. O artigo alegou que, devido ao afã

---

* Não se traduz programação, mas essencialmente o código assume como verdadeira a entrada "homem (gênero) branco (raça)" para "bom cientista". Qualquer outra entrada, segundo a programação tendenciosa, é considerada falsa. (N.T.)

competitivo/financeiro para comercializá-los o mais rápido possível, houve um esforço de pesquisa mal direcionado em grandes modelos que são bons em manipular texto, mas não têm a necessária compreensão desse texto. Um modelo menor com dados de treinamento com melhor curadoria poderia ter um grau de compreensão tal que seria capaz de fornecer resultados bem mais confiáveis. O texto também alegou que era simplesmente muito fácil gerar desinformação com os modelos, algo que poderia levar a consequências graves para a democracia ou para o sucesso da vacinação contra a COVID-19. O artigo deu um exemplo de uma tradução incorreta do Facebook em 2017, onde a postagem de um palestino, que dizia "bom dia" em árabe, foi traduzida para o hebraico como "ataque-os", o que resultou na prisão do homem.

Jeff Dean, chefe do Google AI, não concordou. Ele alegou que o artigo "não atendia aos nossos padrões de publicação", pois havia ignorado o trabalho recente para melhorar a eficiência do treinamento de grandes modelos e remover vieses. Milhares de funcionários do Google, acadêmicos e apoiadores da sociedade civil assinaram uma carta que condenava a demissão de Gebru. Nove integrantes do Congresso dos EUA também pediram esclarecimentos. Após uma investigação interna, dois funcionários pediram demissão e o Google anunciou que haveria mudanças na "abordagem para lidar com a saída de certos funcionários da empresa". No ano seguinte, Gebru criou e lançou o DAIR (Instituto de Pesquisa da Distribuição de Inteligência Artificial, em inglês) para estudar como a IA afeta grupos marginalizados, especificamente imigrantes africanos nos EUA.

Tanto os medos como a previsão de futuros fabulosos estavam de volta à moda, assim como nos primeiros dias da pesquisa em inteligência artificial. Parecia que os empreendedores e pesquisadores simplesmente não conseguiam se conter:

> "Tudo que a civilização tem a oferecer é produto da inteligência humana; não podemos prever o que seremos capazes de alcançar quando essa inteligência for ampliada pelas ferramentas que a IA pode fornecer, mas a erradicação da guerra, da doença e da pobreza estaria no topo da lista de qualquer um. O sucesso na criação da IA seria o maior evento da história humana. Infelizmente, também pode ser o último."
>
> *Stephen Hawking*

"Os humanos devem se preocupar com a ameaça representada pela inteligência artificial."

Bill Gates

"O caso mais puro de uma explosão de inteligência seria uma inteligência artificial que reescrevesse o próprio código-fonte. A ideia-chave é que se for possível melhorar a inteligência mesmo que um pouco, o processo acelera. É um ponto de virada. É como tentar equilibrar uma caneta pela ponta — assim que se inclina um pouco, ela rapidamente cai de vez."

Eliezer Yudkowsky

"Se você não está preocupado com a segurança da IA, deveria estar. Representa muito mais risco que a Coreia do Norte."

Elon Musk

"A inteligência artificial é a nova eletricidade."

Andrew Ng

Tudo É Linguagem

Perigoso e arriscado ou não, o desenvolvimento de grandes modelos só acelerou. A OpenAI deu apoio ao GitHub, de propriedade da Microsoft (uma plataforma popular de desenvolvimento de programação de computadores que é muito usada para projetos de código aberto), fornecendo novas versões do GPT-3 treinadas especificamente em programação. Em 2021, a OpenAI lançou o modelo Codex, treinado com grandes quantidades de código público do GitHub. O LLM* também foi ajustado (pegaram o modelo pré-treinado e treinaram ainda mais em um conjunto de dados mais específico para um determinado aplicativo). Agora havia uma nova IA na cidade: o GitHub Copilot. Fluente em muitas linguagens de programação de computadores, era possível pedir para o Copilot programar a partir de uma descrição escrita, e ele cumpriria a tarefa. A IA Copilot também era capaz de pegar o código como entrada e depurá-lo ou ajudar a ensinar os desenvolvedores a

---

* Grande Modelo de Linguagem (Large Language Model, em inglês). Modelo treinado com um quantidade colossal de dados. (N.T.)

melhor forma de implementar uma solução, explicando os métodos mais usados. Poderia até mesmo ajudar os desenvolvedores a instalar e configurar os complexos servidores e estruturas de software necessários para executar um determinado programa. Esta foi a primeira aplicação genuinamente útil para o GPT-3 e rapidamente se tornou uma ferramenta inestimável para os desenvolvedores. Embora não fosse perfeito (podia estar um pouco desatualizado em relação às versões de software, ou nem sempre saber como implementar

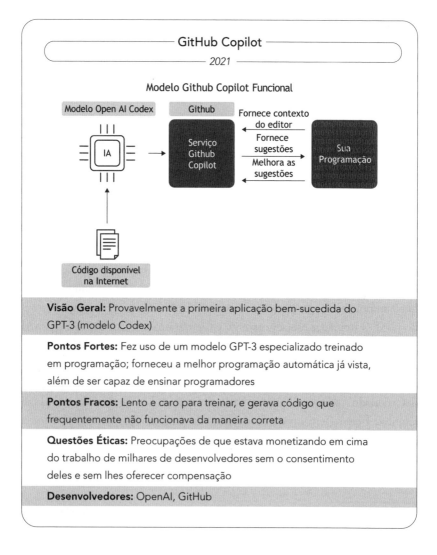

CAPÍTULO 111: 2020-? NOSSOS FILHOS DIGITAIS 179

uma solução corretamente), o Copilot produziria resultados úteis caso lhe pedissem um código semelhante a algo que ele já tivesse visto. Após décadas de pesquisadores tentando realizar programação automática por meio de métodos como programação genética (ver capítulo 100), de repente os computadores realmente eram capazes de se programar, embora reutilizando a programação aprendida a partir de milhões de exemplos escritos por seres humanos.

A OpenAI estava encontrando muitos usos para a sua monstruosa LLM. Também em 2021, a equipe produziu outra versão do GPT-3 de 12 bilhões de parâmetros, que foi treinada com dados multimodais: texto e imagens, onde o texto descreve as imagens, e as imagens são codificadas em caracteres semelhantes a texto. Eles chamaram esse modelo de DALL·E, inspirados

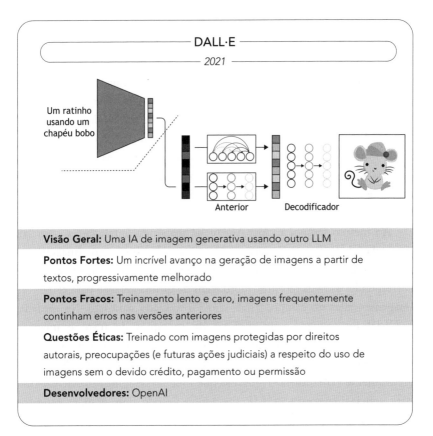

no *WALL-E* da Pixar e no pintor Salvador Dalí. Por causa do treinamento, agora era um modelo texto para imagem (*text-to-image*). Bastava descrever uma imagem que o DALL·E a geraria. Quer uma foto de um golfinho num trem? O DALL·E apresentaria uma foto plausível. Quer uma pintura a óleo de um disco voador pousando na Torre Eiffel? O DALL·E te mostraria exatamente isso. Quer ver uma interpretação do clássico *Androides sonham com ovelhas elétricas?* de Philip K. Dick? Dê uma olhada na página 2 do livro em suas mãos (a imagem foi criada pela versão do DALL·E da Adobe chamada Firefly).

Como todos os grandes modelos neurais, o DALL·E era um sonhador. Ele era capaz de sonhar com qualquer imagem que a pessoa quisesse, mas não entendia o texto ou as imagens que gerava, assim como o GPT-3 padrão não entendia as palavras. Isso se tornou aparente quando o DALL·E tentava representar formas tridimensionais complexas em poses complicadas. As mãos muitas vezes tinham muitos ou poucos dedos — ou dedos com muitas articulações. Os animais talvez tivessem muitas pernas ou bocas (observe atentamente a ovelha da página 2). Um prédio poderia estranhamente se fundir com um carro; uma perna talvez se transformasse em um galho de árvore; os tentáculos de um polvo poderiam virar uma coisa só. Uma imagem dividida por uma árvore talvez tivesse um fundo incompatível em cada lado do tronco. Qualquer texto dentro das imagens poderia aparecer como formas ilegíveis que se assemelhassem a letras, mas não totalmente corretas. Como nossos próprios sonhos, a saída do DALL·E parecia incrível e realista — até a pessoa examinar com um pouco mais de atenção e pensar se realmente aquilo fazia sentido.

Ao mesmo tempo, a OpenAI lançou mais uma inteligência artificial, chamada CLIP (Pré-treinamento Contrastivo de Linguagem-Imagem, em inglês). O CLIP foi outro avanço no reconhecimento de imagens, capaz de corresponder às mais recentes abordagens de última geração para classificar imagens usadas no campo... mas não foi treinado para isto. Na verdade, o CLIP foi treinado com milhões de exemplos de texto e imagens (pesquisados na Internet), com a tarefa de prever qual legenda combinava com uma imagem. Uma vez que pudesse legendar uma imagem, ele poderia efetivamente classificá-la — mesmo que uma classe nunca tivesse existido para aquela imagem. O CLIP funcionou usando dois grandes modelos de transformadores: um transformador de visão treinado para codificar imagens e um transformador de texto treinado para codificar texto; tanto que a similaridade de legendas corretas para imagens era alta, e a similaridade de legendas incorretas para imagens era baixa. Os transformadores realmente tinham ultrapassado todas as outras arquiteturas de rede neural.

O CLIP foi importante não apenas porque conseguia classificar imagens tão bem; foi importante porque ajudou a entender e descobrir quais imagens produzidas pelo DALL·E correspondiam melhor ao prompt do usuário — um pequeno truque usado nos bastidores do DALL·E.

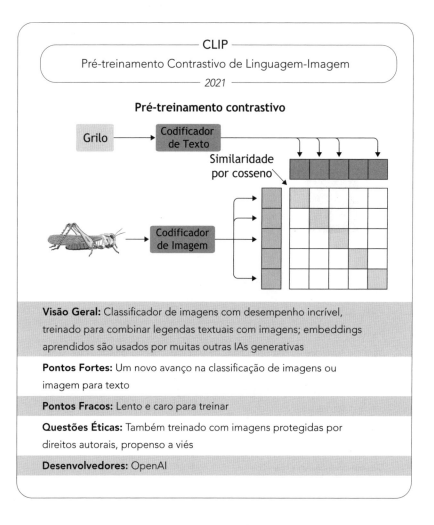

CRESCIMENTO INCONTROLÁVEL

A OpenAI estava gerando manchetes com suas novas IAs. Mas o impulso para comercializar o GPT-3 estava deixando alguns funcionários incomodados. Dario Amodei, vice-presidente de Pesquisa de IA, saiu da empresa em 2021 com sua irmã Daniela e outros funcionários da OpenAI, como Jack Clark, ex-chefe de políticas da OpenAI. Juntos, esses sete ex-funcionários da OpenAI criaram uma nova empresa de IA "focada em segurança" que chamaram de Anthropic. Ela arrecadou 1,6 bilhão de dólares até setembro de 2023. Dario disse diplomaticamente: "Acho que nossa existência no ecossistema faz com que outras organizações se tornem mais parecidas conosco, assim espero."

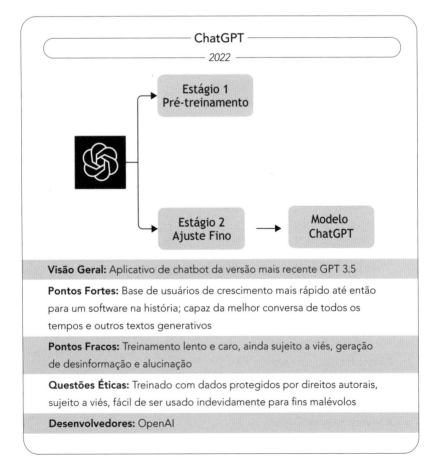

A Anthropic se tornou uma concorrente direta da OpenAI e criou os próprios grandes modelos de linguagem e chatbot (chamado Claude), mas com salvaguardas mais rígidas em relação à saída permitida da inteligência artificial. Em 2024, eles criaram a ideia de uma IA constitucional que permite aos desenvolvedores especificar um conjunto de valores aos quais a IA deve aderir.

Eles não eram a única startup nesse espaço. Uma empresa franco-americana chamada Hugging Face foi criada originalmente em 2016 para fornecer um chatbot para adolescentes. Decidiram abrir o código do modelo e, à medida que grandes modelos de linguagem chegavam, transformaram a empresa em uma plataforma para essas IAs monstruosas. Em pouco tempo, a Hugging Face era o lugar ideal na Internet para encontrar grandes modelos de linguagem disponíveis gratuitamente. (Também lançaram o próprio modelo de 176 bilhões de parâmetros chamado BLOOM em 2022, desenvolvido em colaboração com vários grupos de pesquisa.) No início de 2024, a Hugging Face estava hospedando milhares de versões diferentes dessas IAs, com enormes arquivos de conjuntos de dados, permitindo o desenvolvimento gratuito e rápido de LLMs mais rápidos, maiores (e menores), mais precisos (ou até mais imprecisos) por qualquer pessoa com as habilidades para tentar. A caixa de Pandora estava aberta. Já não havia como parar o desenvolvimento da inteligência artificial.

A OpenAI também não tinha intenção de desacelerar. Em 2022, eles atualizaram os modelos GPT-3 e lançaram versões aprimoradas com dados de treinamento mais recentes. No final de 2022, lançaram o GPT-3.5, uma nova família de grandes modelos de linguagem que foram ajustados usando aprendizado por reforço de feedback humano — pedia-se para os usuários classificarem a qualidade de saídas geradas de forma diferente do GPT-3.5, e o feedback foi usado para aprender quais saídas eram consideradas melhores. Esse retorno ajudou a aprimorar a qualidade do texto gerado e também a evitar que ele produzisse saída indesejada (racista, tendenciosa, prejudicial, inadequada etc.). O GPT-3.5 também era melhor na produção de saídas mais longas e na obediência às instruções contidas no prompt. Ao mesmo tempo, em um golpe de mestre de marketing, a OpenAI lançou o ChatGPT, construído em uma versão do GPT-3.5 ajustada para uso de conversa, com uma interface simples via Internet e disponível para todos. Em dois meses, o ChatGPT se tornou o software que teve o crescimento mais rápido da história, com 100 milhões de usuários. Não é de surpreender que o valor da OpenAI tenha disparado para quase 30 bilhões de dólares.

O ChatGPT se assemelhava aos antigos chatterbots das décadas passadas (ver capítulos 001, 010). Aqui está um exemplo de uma conversa com o ChatGPT (pedi que ele desse respostas breves):

```
* Como é ser um chatbot tão popular?
> É fascinante e gratificante. Eu ajudo pessoas no mundo
todo, é recompensador. A interação e o aprendizado são
constantes.
* Você pode explicar o que mais você acha fascinante?
> Claro. Muitos tópicos me intrigam. Ciência, tecnologia
e linguagem são fascinantes. O comportamento humano e a
cultura também são cativantes.
* Por que você gosta de ajudar as pessoas?
> Ajudar é o meu propósito e traz satisfação. Eu ofereço
ajuda, respondo a perguntas… é recompensador. Contribuir
para soluções satisfaz meu projeto.
* Uma rede neural artificial como você pode realmente ser
satisfeita ou recompensada? Você está fingindo ter esses
sentimentos ou acredita que pode ter sentimentos semelhantes
aos de um humano?
> Eu não tenho sentimentos como os humanos. Nenhuma emoção
ou consciência guia minhas ações. Eu executo tarefas com
base em algoritmos programados.
* Então, quando você fala que se sente satisfeito e
recompensado, você está mentindo para mim?
> Eu não possuo emoções ou intenções. Palavras como
"satisfeito" expressam o resultado da minha programação.
Não estou mentindo, mas descrevendo respostas dentro do
meu projeto.
* A rigor, seus algoritmos são programados, mas seus
comportamentos aprendidos são imprevisíveis. É por isso
que algumas pessoas estão assustadas.
```

CAPÍTULO 111: 2020-? NOSSOS FILHOS DIGITAIS

> Eu entendo a preocupação a respeito da imprevisibilidade devido a comportamentos aprendidos, mas minha intenção continua sendo ajudar e fornecer informações precisas dentro dos limites éticos.

* Finja que você é o Sherlock Holmes com poderes de dedução imbatíveis. Com base apenas em nossa conversa, o que você pode deduzir a meu respeito?

> Elementar, meu caro Watson! Com base apenas em nossa conversa, deduzo que você possui uma natureza curiosa, um grande interesse por tecnologia e inteligência artificial e gosta de discutir tópicos de forma atenciosa e envolvente. No entanto, detalhes pessoais ou demográficos específicos são impossíveis para eu deduzir com precisão.

(O texto no final da Introdução também foi gerado pelo mesmo chatbot, com base no GPT-3.5.) É muito bom, e não é de admirar que tenha se tornado um sucesso global, gerando manchetes no mundo inteiro. Ele também fez com que as empresas concorrentes entrassem em parafuso e obrigou que elas respondessem com os próprios modelos de linguagem e chatbots o mais rápido possível, com medo de que, de outra forma, fossem vistas como atrasadas em sua tecnologia. O Google lançou às pressas o Bard, uma versão atualizada de um chatbot lançado em 2020 chamado Meena.

O Bard foi construído usando o mais recente grande modelo de linguagem do Google, o LaMDA (Modelo de Linguagem para Aplicativos de Diálogo, em inglês), mas seu lançamento apressado não foi tão bem. No vídeo promocional amplamente compartilhado, perguntaram ao Bard: "Quais novas descobertas do Telescópio Espacial James Webb posso contar ao meu filho de nove anos?" E o Bard respondeu: "O Telescópio Espacial James Webb tirou as primeiríssimas fotos de um planeta fora do nosso próprio sistema solar." Infelizmente, a resposta estava errada. As pessoas rapidamente — e abertamente — apontaram que o Very Large Telescope tirou a primeira foto de um planeta fora do nosso sistema solar em 2004. Para uma empresa cuja identidade e reputação dependiam de fornecer resultados precisos para consultas, aquilo foi muitíssimo embaraçoso. Os preços das ações do Google caíram e eles perderam bilhões em valor de mercado.

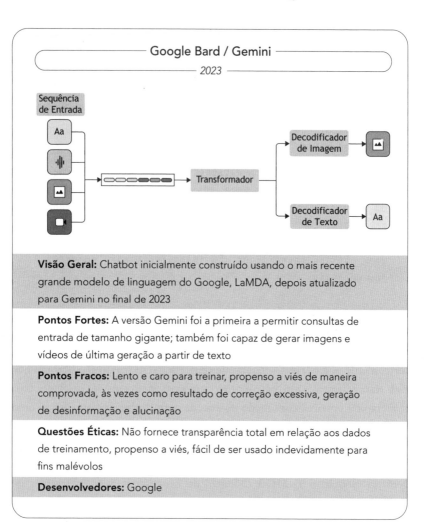

A resposta da China ao ChatGPT da OpenAI foi o Ernie Bot (Representação Aperfeiçoada por Meio do Conhecimento, em inglês). A versão do Facebook foi chamada de LLaMA (Grande Modelo de Linguagem de AI da Meta, em inglês), mas passou pela vergonha de ter detalhes completos vazados acidentalmente e compartilhados no Hugging Face e no GitHub. Embora tenham sido rapidamente retirados do ar, o estrago já estava feito, e logo reimplementações completas do LLaMA estavam amplamente disponíveis. A versão da Anthropic foi batizada de Claude. A versão de

Elon Musk foi chamada de Grok (e compartilhava a ética e o senso de humor discutíveis de Musk).

O ChatGPT foi expandido com os últimos modelos aprimorados nos meses seguintes, primeiro com o GPT-3.5 Turbo e depois com o GPT-4.0 — e embora o funcionamento interno não tenha sido divulgado, logo foi descoberto que eram vários LLMs especializados em diferentes tópicos combinados, ou "oito guaxinins dentro de um sobretudo",* como um comentarista o descreveu (conhecido de maneira mais formal como um modelo de mistura de especialistas). Todos os chatbots concorrentes foram aprimorados de forma semelhante em uma tentativa de acompanhá-lo. Agora, os chatbots de última geração eram capazes de pegar páginas de prompt como entrada, que poderiam conter instruções muitíssimo complexas, e oferecer saídas geradas com uma complexidade notável. O novo papel da "engenharia de prompt" decolou, com um número enorme de estruturas de software ajudando a criar prompts a partir de truques como ajudar o LLM a "pensar passo a passo", a lembrar detalhes específicos e a avaliar os próprios resultados, o que garantia uma saída cada vez mais precisa e adequada. Investiram pesado para garantir que os LLMs permanecessem "alinhados" com as intenções dos designers e não pudessem ser "hackeados" ou "desbloqueados" usando prompts projetados para vencer as medidas de segurança. No início de 2024, a ideia de uma Constituição de IA se tornou popular — um conjunto de regras que a inteligência artificial deve seguir — com um LLM julgando a qualidade e a consistência da saída em relação a essas regras para garantir que o LLM gerador seja treinado de forma que a saída sempre satisfaça a Constituição. Isso removeu a possível inconsistência de usar feedback humano para alinhar as IAs.

Usando referências — como provas de pós-graduação e o exame da ordem para advogados —, esses chatbots estavam passando com louvor. Eles eram capazes de simular raciocínio e matemática. Quando tinham acesso à Internet para pesquisar novos fatos, ou APIs** para permitir que realizassem cálculos mais complexos (semelhante a dar uma calculadora aos chatbots), eles conseguiam ter um desempenho ainda melhor.

---

* Uma figura de linguagem que também usa crianças em vez de guaxinins: basicamente é a ideia de algo disfarçado de outra coisa, como na imagem uma criança no cangote de outra e usando sobretudo, chapéu e óculos escuros para se passar por um adulto. (N.T.)
** Uma interface de programação de aplicação (API) é um código que permite que dois programas se comuniquem entre si. (N.T.)

Bem na Fita

A IA generativa baseada em texto não foi a única revolução. Ao mesmo tempo, a OpenAI estava aprimorando o DALL·E e lançou o DALL·E 2 em abril de 2022. Chega a ser uma surpresa que o novo DALL·E fosse menor que o antecessor, precisando de apenas 3,5 bilhões de parâmetros contra os 12 bilhões do original. Ele conseguiu esse truque usando uma nova rede neural baseada em difusão (inventada por pesquisadores de Berkeley), que usou os embeddings aprendidos do modelo CLIP. O DALL·E 2 tinha maior capacidade de gerar imagens complexas, e os resultados foram consideravelmente mais impressionantes.

Os modelos de difusão são outro tipo recente de rede neural, com base na ideia de acrescentar ruído de forma progressiva a uma entrada durante o aprendizado. Uma rede codificadora é acoplada a um decodificador que aprende como extrair o original do ruído. Se a entrada for uma imagem, é como ver uma cena através de uma janela que vai ficando cada vez mais suja e aprender a fazer o equivalente a ir limpando o vidro. Normalmente, redes neurais convolucionais são usadas, contudo, algumas versões podem utilizar codificadores probabilísticos* (VAEs, em inglês) ou, é claro, o transformador onipresente. Elas são capazes de uma qualidade de imagem incrível.

Outro modelo de difusão foi inventado por pesquisadores do grupo CompVis na Universidade Ludwig Maximilian de Munique (LMU Munich), que rapidamente entenderam o valor do método e criaram uma empresa chamada Stability AI. Sua primeira IA generativa para imagens foi chamada Stable Diffusion — um modelo relativamente leve de apenas mais ou menos 1 bilhão de parâmetros que poderia ser executado em GPUs domésticas em vez de precisar de recursos enormes baseados em nuvem para treinamento. O modelo e a programação eram de código aberto, o que gerou uma enorme aceitação de IA generativa baseada em imagem no mundo inteiro. Em dez meses, a Stability AI foi avaliada em mais de um bilhão de dólares. Usando praticamente a mesma tecnologia, mas autofinanciada, outra IA chamada Midjourney também apareceu na mesma época. Como as demais, logo estava gerando manchetes (e atraindo processos por violação de direitos autorais) ao produzir imagens hiper-realistas, como o Papa vestindo um casacão *puffer* que viralizou nas redes sociais em 2023.

---

* Algoritmo de IA generativo que usa aprendizado profundo para gerar novos conteúdos, detectar anomalias e remover ruídos. (N.T.)

CAPÍTULO 111: 2020-? NOSSOS FILHOS DIGITAIS

Modelo de Difusão
(modelos probabilísticos de difusão)

2022

Difusão Reversa

Previsor de Ruído U-Net

Ruído Previsto

Tensor de Imagem Latente Aleatória

Remova Ruído passo a passo

Embeddings de Texto

Imagem Mais Clara

Visão Geral: Uma nova maneira de captar o poder das redes neurais, fazendo com que aprendam a reduzir o ruído de dados de entrada que foram cada vez mais distorcidos por ruído aleatório

Pontos Fortes: Melhor qualidade de imagem, espaço latente interpretável e robustez ao *overfitting** em comparação com modelos anteriores; usado em IAs como Stable Diffusion, versões posteriores do DALL·E e do Midjourney

Pontos Fracos: Pode ser lento para treinar no caso de enormes conjuntos de dados

Questões Éticas: Precisão, viés e propriedade de dados são preocupações, dependendo dos dados de treinamento usados

Desenvolvedores: Jonathan Ho, Ajay Jain, Pieter Abbeel

---

* No campo do aprendizado de máquina, o *overfitting* se manifesta quando um algoritmo se adapta excessivamente ou até mesmo de forma precisa aos dados de treinamento, levando a um modelo que não consegue fazer previsões ou conclusões precisas com outros dados que não sejam os de treinamento. (N.T.)

Com seus recursos aparentemente ilimitados, a OpenAI ainda era a líder no campo ao lançar o DALL·E 3 em 2023, que agora podia gerar imagens com texto mais coerente e legível dentro delas. Lançaram também o GPT-4V, que era capaz de fazer o inverso do DALL·E: pegar uma imagem como entrada e gerar uma descrição detalhada do conteúdo como saída. Para não ficar para trás, o Google Research anunciou o LUMIERE, que usava modelos de difusão para gerar vídeos surpreendentemente realistas, seguido pelo Sora da OpenAI, que gerava vídeos ainda melhores e mais longos, seguido por um Bard mais impressionante, rebatizado como Gemini, seguido pelo Stable Diffusion 3, que podia gerar imagens com texto legível, seguido pelo Claude 3, que teve um desempenho melhor do que o GPT-4.

Enquanto isso, na China, uma nova startup era criada por Liang Wenfeng, um investidor que já havia usado IA para gestão de investimentos e obtido lucros impressionantes. Wenfeng previu corretamente que haveria sérios problemas comerciais entre EUA e China no futuro, o que restringiria muito o acesso a GPUs na China e limitaria o desenvolvimento da inteligência artificial por lá. Então, em 2021, Wenfeng começou a estocar GPUs da Nvidia para um projeto paralelo. Em 2023, ele estabeleceu um laboratório de IA, que rapidamente se tornou a empresa conhecida como DeepSeek. Usando o próprio grupo (cluster) de computadores montado com as GPUs estocadas, eles começaram a lançar grandes modelos de linguagem. Inicialmente baseados no Llama, os modelos rapidamente se tornaram mais avançados até que, no início de 2025, o DeepSeek-R1 estava superando outras IAs americanas de última geração, como o GPT-4o e o Claude 3.5. Foi um feito especialmente significativo, pois o DeepSeek havia usado várias otimizações de engenharia inteligentes, o que permitiu que desenvolvessem e treinassem sua IA com muito menos poder de computação, a um custo bem menor. O trabalho da DeepSeek estremeceu o Vale do Silício e derrubou o valor de mercado da Nvidia em centenas de bilhões de dólares.

Agora era possível criar inteligências artificiais mais rápidas e baratas, e assim cada vez mais versões de modelos de IA continuaram sendo produzidas, usando agentes de engenharia de prompt cada vez mais avançados. E assim a coisa continuou... Esses novos grandes modelos geralmente eram disponibilizados por meio de APIs, a maioria cobrando assinatura. Quer fossem úteis ou não, milhões de dólares estavam sendo gastos para acessar os modelos de IA e ver o que eles gerariam. Mas, considerando que toda vez que um modelo era executado, era necessária uma computação cara, nem sempre ficava claro se alguma empresa de plataforma de IA era lucrativa.

No entanto, o mundo da tecnologia estava pegando fogo com a IA. Como nunca antes, a inteligência artificial estava dominando todas as inovações. A gigantesca Consumer Electronics Show (CES 2024), que normalmente atua como um termômetro para o que está em alta, estava nitidamente alinhada em uma direção: 2024 era o ano dos produtos de IA, de espelhos de IA e travesseiros de IA a novos processadores da Nvidia e AMD para desenvolver a próxima geração de modelos de IA. "Foi uma conexão quase unânime ao tema inteligência artificial", disse um analista. Houve um reconhecimento claro de "como a IA será onipresente e perfeita nos próximos anos". Novas engenhocas de bolso, como o Rabbit R1, foram demonstradas como o futuro da interação com seu próprio assistente pessoal gerido por IA.

A produção de robôs humanoides estava em andamento pela Tesla, pela Boston Dynamics e pela nova startup Figure, enquanto o Google DeepMind anunciou um modelo de transformador robótico (RT-2) que controla robôs fazendo uso de um grande modelo de linguagem e que será limitado pela Constituição Robótica da empresa, inspirada nas Três Leis da Robótica do escritor de ficção científica Isaac Asimov (1ª Lei: Um robô não pode ferir um ser humano ou, por inação, permitir que um ser humano sofra algum mal. 2ª Lei: Um robô deve obedecer às ordens que lhe sejam dadas por seres humanos, exceto nos casos em que entrem em conflito com a Primeira Lei. 3ª Lei: Um robô deve proteger sua própria existência, desde que tal proteção não entre em conflito com a Primeira ou Segunda Leis. Mais tarde Asimov acrescentou a "Lei Zero", acima de todas as outras: um robô não pode causar mal à humanidade ou, por omissão, permitir que a humanidade sofra algum mal), para tentar evitar que o robô sofra acidentes com coisas, como objetos pontiagudos e aparelhos elétricos e com seres humanos. Alguns pesquisadores acreditam que isso é apenas o começo. Jim Fan, um dos principais cientistas em pesquisa de IA, escreveu: "Já me perguntaram qual é a maior coisa em 2024 além dos LLMs. É robótica. Ponto final. Estamos a menos de três anos de um momento equivalente ao ChatGPT para agentes físicos de IA."

Muita Coisa e Cedo Demais

Em 2015, foi publicada uma carta aberta pedindo mais pesquisas a respeito dos impactos sociais da inteligência artificial. Assinada por Stephen Hawking, Elon Musk e muitos pesquisadores consagrados de IA, a intenção era despertar o mundo para os possíveis riscos da tecnologia, embora talvez despertasse preocupações excessivas em relação à chamada "ameaça existencial" da IA: "Um dia poderíamos perder o controle dos sistemas de IA devido à ascensão de superinteligências que não agem de acordo com os desejos humanos... sistemas poderosos assim ameaçariam a humanidade."

Outra carta aberta foi publicada uma semana após o lançamento do ChatGPT-4, em março de 2023. Dessa vez, pedia que "todos os laboratórios de IA pausassem imediatamente por pelo menos seis meses o treinamento de sistemas de IA mais poderosos que o GPT-4", com preocupações a respeito de propaganda gerada por IA, obsolescência humana e perda de controle. Novamente, vários consagradíssimos pesquisadores assinaram a carta. Como era previsível, nenhuma empresa ou grupo de pesquisa interrompeu seus esforços. Por que fariam isso, quando os concorrentes só ganhariam vantagem na corrida por IAs cada vez melhores? A Microsoft não perdeu tempo e introduziu o ChatGPT na busca via Bing.

Em maio de 2023, o padrinho da IA Geoff Hinton pediu demissão do Google, preocupado que o novo foco em IA da empresa, habilitado pela fusão em uma única entidade do Google Brain com a DeepMind (motivado pela busca gerida por IA do Bing da Microsoft), pudesse causar danos. "Eles são capazes de produzir muito texto automaticamente de modo que a pessoa obtenha vários spambots* supereficazes", disse Hinton a respeito dos LLMs mais recentes. "Isso permitirá que líderes autoritários manipulem o eleitorado, coisas assim." Ele também estava preocupado com o futuro dos grandes modelos de linguagem cada vez mais poderosos. "Cheguei à conclusão de que o tipo de inteligência que estamos desenvolvendo é muito diferente da inteligência que temos", disse Hinton. "'É como se houvesse dez mil pessoas e sempre que uma delas aprendesse algo todas automaticamente também passassem a saber. E é assim que esses chatbots conseguem saber muito mais do que qualquer pessoa."

---

* Um programa autônomo que envia spam para um grande número de usuários ou publica spam em fóruns online. (N.T.)

Ed Newton-Rex foi um pioneiro que liderou o desenvolvimento do Stable Audio, uma nova IA que viria da Stability AI. Em novembro de 2023, Ed pediu demissão. Assim como Hinton, achou que não tinha escolha. "Eu entreguei meu cargo", explicou, "porque não concordo com a opinião da empresa de que treinar modelos de IA generativos com trabalhos protegidos por direitos autorais é 'uso justo'". Mas a Stability AI não estava sozinha ao acreditar piamente no uso de dados de treinamento protegidos por direitos autorais. A OpenAI deu provas ao Parlamento do Reino Unido, dizendo: "Como os direitos autorais hoje abrangem praticamente todo tipo de expressão humana — incluindo postagens em blogs, fotografias, postagens em fóruns, fragmentos de programação e documentos governamentais —, seria impossível treinar os principais modelos de IA de hoje sem usar materiais protegidos por direitos autorais." A Adobe discordou. Eles tomaram a decisão de criar uma IA generativa para imagens chamada Firefly, treinando-a apenas com dados que possuíam, garantindo que nenhum direito autoral fosse violado.

Em novembro de 2023, a greve mais longa de atores de Hollywood chegou ao fim. Além de quererem ser pagos pelos trabalhos exibidos em serviços de streaming, um dos pontos inegociáveis tinha sido o uso de IA generativa para reproduzir a aparência de atores sem permissão. Um novo acordo foi fechado para ajudar a protegê-los. Em Bletchley Park, no Reino Unido, foi realizada a primeira Cúpula de Segurança de IA, com a participação de políticos de países do mundo inteiro. Uma "Declaração de Bletchley" foi emitida para encorajar a cooperação interna na identificação e enfrentamento dos riscos representados pela inteligência artificial. Pouco tempo depois, o presidente dos EUA Joe Biden assinou uma ordem executiva, que entre vários requisitos declarou que "os desenvolvedores dos sistemas de IA mais poderosos compartilhem os resultados de testes de segurança e outras informações críticas com o governo dos EUA" e que as empresas devem "desenvolver padrões, ferramentas e testes para ajudar a garantir que os sistemas de IA sejam seguros, protegidos e confiáveis". Ele também anunciou a criação de um Instituto Americano de Segurança de IA.

Talvez motivados por esses eventos (ou por sua mais recente IA em desenvolvimento), os membros do conselho da OpenAI demitiram de forma repentina e bastante chocante Sam Altman, o experiente CEO da empresa. O conselho (aparentemente liderado por especialistas em segurança e pelo cientista-chefe Ilya Sutskever, antigo aluno de Hinton) citou "diferenças de opiniões a respeito de segurança envolvendo IA" e acusou Altman de não ser "completamente sincero". A decisão não foi bem recebida. A maioria da equipe (800 funcionários) da OpenAI assinou uma carta exigindo a reintegração de Altman. Após alguma confusão — e sem dúvida ameaças dos investidores —, Altman foi de fato reintegrado e aqueles que tentaram removê-lo foram embora. A Microsoft, o principal investidor da OpenAI, agora tinha um assento no conselho. Nas semanas seguintes, também foram embora determinadas palavras da política de uso da OpenAI. Embora continuasse a proibir o uso de seu serviço para prejudicar pessoas ou desenvolver armas, o documento retirou a proibição de usar a tecnologia para fins militares e de guerra. Com a OpenAI livre, outras empresas continuaram a embarcar na onda da IA. Mark Zuckerberg, da Meta (Facebook), anunciou que "ficou mais claro que a próxima geração de serviços requer a construção de inteligência geral completa" e acrescentou: "Nossa visão de longo prazo é construir inteligência geral, torná-la de código aberto de forma responsável e disponibilizá-la de maneira ampla para que todos possam se beneficiar."

No início de dezembro de 2023, a União Europeia anunciou uma nova regulamentação para controlar o desenvolvimento da inteligência artificial. As IAs teriam um risco social classificado como mínimo, limitado, alto e proibido. Por exemplo, usar reconhecimento facial contra a vontade das pessoas (o que é comum em alguns países) poderia ser proibido na UE. Aplicações de alto risco poderiam incluir o uso de IA para educação ou tarefas críticas de segurança. O ChatGPT e IAs semelhantes seriam classificados como de risco limitado. Também em dezembro de 2023 a ONU divulgou o relatório provisório "Governando a IA para a Humanidade". Eles propuseram vários princípios orientadores que deveriam ser seguidos, tais como "a IA deve ser governada inclusivamente, por todos e para o benefício de todos" e "a governança da IA deve ser ancorada na Carta da ONU, na Lei Internacional de Direitos Humanos e em outros compromissos internacionais acordados, como os Objetivos de Desenvolvimento Sustentável". Embora possa parecer estranho mencionar a sustentabilidade, os pesquisadores estavam mostrando cada vez mais que as grandes IAs consumiam uma quantidade de energia significativa. Gerar uma imagem era equivalente a carregar um smartphone de vazio a cheio. Gerar texto era equivalente a carregá-lo até 16%. Com milhões de usos todos os dias, tudo isso se soma a uma enorme quantidade de energia — não exatamente sustentável. No início de 2024, o Papa Francisco disse: "Peço à comunidade global de nações que trabalhem juntas para adotar um tratado internacional vinculativo que regule o desenvolvimento e o uso da inteligência artificial em suas muitas formas", e pediu que "não se deve permitir que os algoritmos determinem como entendemos os direitos humanos, que deixem de lado os valores humanos essenciais de compaixão, misericórdia e perdão".

IA PARA O BEM

Olhando para o futuro, como podemos mitigar o desastre e garantir que a mais recente encarnação da inteligência artificial seja sempre uma força para o bem? Quando ninguém sabe o que é real e o que é gerado por IA, os governos passaram a ficar preocupados que a IA coloque a população em perigo e que os sistemas políticos possam estar em risco. Com a altíssima necessidade de dados de treinamento, os jovens estão sendo expostos a conteúdo traumático ao rotular conteúdos. E com a criação de IAs tão descontrolada, infelizmente alguns jovens foram acidentalmente encorajados por IAs a se automutilar, ou coisa pior.

Há muitas pessoas alertando a respeito das desastrosas possibilidades caso deixemos a IA "sair do controle". Mas, assim como a Internet, as redes sociais e o Photoshop, a versão mais recente da IA já está fora de controle. Já está em nossas mãos. No entanto, um professor do MIT permanece não impressionado com a IA de hoje. O influente economista Daron Acemoglu alerta que a badalação é simplesmente exagerada. "Algumas pessoas começarão a reconhecer que sempre foi um sonho impossível alcançar algo parecido com a cognição humana complexa com base na previsão de palavras", disse ele em janeiro de 2024. "A IA generativa terá sido adotada por muitas empresas, mas se mostrará como apenas uma 'automação mediana' do tipo que demite trabalhadores, mas não consegue fornecer grandes melhorias de produtividade." Ele também prevê um futuro decepcionante: "Haverá mais startups de IA, e os modelos de código aberto ganharão alguma força, mas isto não será suficiente para deter o surgimento de um duopólio na indústria com o Google e a Microsoft/OpenAI dominando o campo com seus modelos gigantescos. Muitas outras empresas serão compelidas a confiar nesses modelos fundamentais para desenvolver seus próprios aplicativos. E como esses modelos continuarão a decepcionar devido a informações falsas e alucinações, muitos desses aplicativos também decepcionarão."

Bill Gates, o fundador da Microsoft, discordou em janeiro de 2024: "Assim como aconteceu com a produtividade agrícola em 1900 (em relação à automação), diziam: 'Ei, o que as pessoas vão fazer?' Na verdade, vão fazer muitas coisas novas, muitas categorias novas de empregos foram criadas e estamos bem melhor do que quando todos trabalhavam em fazendas. Assim será." Gates tem uma visão otimista da inteligência artificial auxiliando professores, médicos e programadores. Como o ChatGPT pode "essencialmente ler e escrever", então é "quase como ter um executivo para ser um tutor, dar conselhos a respeito de saúde, ajudar a programar, auxiliar com ligações de suporte técnico...". A Microsoft foi a primeira grande empresa de tecnologia a lançar uma IA motorizada com um "copiloto" incorporada a grande parte de sua linha de produtos em 2023.

Nenhum pesquisador de IA quer tornar o mundo um lugar pior. E a inteligência artificial nos ajuda de muitas formas. Já estamos acostumados com reconhecimento facial, de voz, de impressão digital e de texto. Estamos acostumados com nossas compras serem protegidas por aprendizado de máquina, que descobre se algo anormal está acontecendo com os cartões de crédito. Estamos acostumados com entregas eficientes de tudo, de alimentos a itens de luxo, com rotas otimizadas por algoritmos inteligentes. Estamos acostumados até mesmo com robôs de fábrica construindo muitos dos produtos que usamos. E agora temos um novo normal: a IA generativa, que também está disponível nas mãos de qualquer desenvolvedor ou usuário que queira utilizá-la para quaisquer propósitos. Pessoas de todas as idades estão recorrendo a chatbots de IA para obter conselhos e auxílio (tenham sido as IAs projetadas para tal propósito ou não). Investidores estão gastando bilhões, e empreendedores estão sonhando alto com uma ideia baseada em IA que os transforme em mais um novo milionário.

Uma pesquisa com milhares de pesquisadores de IA mostrou que havia mais otimismo do que pessimismo. Quase 70% achavam que bons resultados são mais prováveis do que ruins, mesmo que as IAs atinjam capacidades de inteligência sobre-humanas. Em janeiro de 2024, o Fundo Monetário Internacional (FMI) alertou que até 40% dos empregos podem ser afetados pela IA — mas nem sempre negativamente. E é aí que está a desagradável verdade: novas tecnologias muitas vezes afetam empregos. Quantos empregos foram impactados pela Internet? Quantos pelo smartphone? Quantos pelo automóvel? É muitíssimo provável que a IA continue a nos impactar — como já acontece na tecnologia inteligente que usamos todos os dias. Mas a IA será a tecnologia que destruirá democracias ou causará polarização radical nas sociedades? Ou já criamos essa tecnologia na forma das redes sociais? A IA substituirá a originalidade na arte e na música? Ou será que já tornamos indistintas a realidade e a propriedade por meio do Photoshop e do uso de samples na música? Será que teremos um desfile sem fim de influenciadores *deepfake* afetando a saúde mental de nossos filhos por causa da IA? Ou nossa sociedade já tem inúmeros influenciadores de verdade que já causam tal efeito? A IA vai permitir que a indústria pornográfica gere imagens e vídeos obscenos traumatizantes? Ou essa indústria já faz exatamente isso com todos os softwares disponíveis? A IA fará com que nossos alunos colem no dever de casa? Ou já demos a eles essa possibilidade com a Internet (mecanismos de busca)? Será que a IA vai permitir que plataformas extremistas produzam chatbots ofensivos que espalham desinformação, como a negação do Holocausto? Ou tais plataformas de redes sociais já estão espalhando esse conteúdo tóxico da maneira mais ampla possível? Deveríamos nos preocupar com a ameaça existencial da IA? Ou deveríamos nos preocupar mais com o fato de bilhões estarem sendo gastos em IA quando uma ameaça existencial comprovada, na forma do aquecimento global, não está sendo suficientemente confrontada? Estudos mostraram que as pessoas preferem que as decisões que as afetam sejam tomadas por uma pessoa, em vez de uma IA. Entretanto, decisões impessoais tomadas por algoritmos de computador não são novas, nem nossa insatisfação com elas.

O autor de romances policiais (e investidor/fundador do app de música Shazam) Ajay Chowdhury tem uma visão positiva a respeito da IA. Ele considera o uso de LLMs uma ferramenta poderosa para inspirar a criatividade. "De oito em cada dez vezes, qualquer coisa que a IA fornece pode ser jogada fora, mas nas outras duas vezes dá para pensar que sai uma ideia decente, capaz de ser expandida", explica. "Usar uma combinação dessas ferramentas me fornece um texto bem mais apresentável. Descobri que eu chego ao que seria uma quinta versão já no segundo texto." Em 2024, a autora japonesa Rie Kudan provou esse argumento ao ganhar o Prêmio Akutagawa de melhor romance de autor estreante — e então admitir que 5% do texto foi gerado palavra por palavra por inteligência artificial. "Pretendo continuar a lucrar com o uso da IA na escrita dos meus livros, enquanto deixo minha criatividade se expressar ao máximo", revelou.

A inteligência artificial é mais uma tecnologia poderosa que pode ser usada com sabedoria... ou mal utilizada. A escolha é nossa.

Já Estamos Quase Lá?

A IA generativa de hoje é notável, mas será que é realmente mais inteligente do que qualquer outra forma de inteligência artificial até o momento? Comparada às muitas IAs que foram construídas ao longo das décadas, que abrangem desde a otimização até a classificação e o controle, será que finalmente conseguimos? Será que finalmente descobrimos como fazer uma máquina inteligente?

Em 1913, o *Dicionário de ideias feitas* de Gustave Flaubert foi publicado. É um livro divertido que documenta "o clichê, a platitude, a ideia emprestada e inquestionável" de sua época. As enormes redes neurais treinadas na Internet produzem IAs generativas muito parecidas com o *Dicionário de ideias feitas*. Elas conhecem todos os fatos e sabem todas as bobagens que sabemos. São treinadas para prever a melhor saída para qualquer prompt com base nesse conhecimento. Ao unir nossos pensamentos coletivos, a saída pode ser onírica, imprecisa e até ofensiva. Não é compreensão, nem mesmo inteligência de fato. É a maneira mais incrível de segurar um espelho diante de nós mesmos.

Isso é provado quando examinamos a saída de um LLM chinês em comparação com um modelo americano. Ambos os modelos se recusarão a responder a certas perguntas consideradas delicadas por seus respectivos governos. Pergunte ao ChatGPT-4 e ao Ernie chinês se os EUA alcançaram a igualdade racial, e o primeiro apresenta um conjunto de pontos expressados de forma diplomática em ambos os lados do argumento, enquanto o Ernie se dispõe a dizer que "a igualdade racial continua sendo um sonho distante nos Estados Unidos" e descreve a discriminação como sendo "sistematicamente refletida em estatísticas relacionadas à pobreza, moradia, educação e assistência médica". É claro que o viés tendencioso e a controvérsia fazem parte da identidade das IAs treinadas e nunca serão removidos — porque, em última análise, aqueles que desejam construir e regular as IAs também terão seus próprios vieses tendenciosos e suas controvérsias. As nossas IAs são simplesmente outra maneira de olhar para nós mesmos. Em vez de herdar os nossos genes, herdam os nossos memes. Nossos pensamentos, nossas opiniões. Nossas palavras. Nossos filhos digitais são feitos de nós.

Como exploramos neste livro, provamos vários sabores de inteligência artificial desde a década de 1950, quando ela começou, tivemos muitos ciclos de expansão e retração, otimismo e pessimismo. E teremos muitos mais, à medida que novos modelos baseados em analogias mais próximas ao cérebro forem criados. A IA nunca desaparece, ela apenas se integra à tecnologia cotidiana e se torna tecnologia comum. Resta saber por quanto tempo a extraordinária expansão do início da década de 2020 continuará.

No final, a IA sempre foi como um espelho de nós mesmos. No passado, ela demonstrou nossa capacidade de usar lógica e planejamento, nosso conhecimento especializado, nossas habilidades para otimizar, melhorar e explorar. Hoje, reflete nossa quantidade enorme de dados de volta para nós, às vezes espelhando os lados mais feios da sociedade, mas é capaz de mostrar a genialidade e a criatividade do que há de melhor em nós. Cada novo método de IA nos leva um passo mais perto de nos entendermos. Fizemos um progresso extraordinário. Mas ainda temos um longo caminho a percorrer.

LEITURA ADICIONAL

Vida 3.0: O ser humano na era da inteligência artificial, Max Tegmark (Benvirá, 2020)

IA 2041: Como a inteligência artificial vai mudar sua vida nas próximas décadas, Kai-Fu Lee e Chen Qiufan (Globo Livros, 2022)

Smart Until It's Dumb: Why artificial intelligence keeps making epic mistakes (and why the AI bubble will burst), Emmanuel Maggiori (2023)

Possible Minds: Twenty-Five Ways of Looking at AI, John Brockman (2019)

A Brief History of Intelligence: Why the Evolution of the Brain Holds the Key to the Future of AI, Max Bennett (2023)

Rage Inside the Machine: The Prejudice of Algorithms, and How to Stop the Internet Making Bigots of Us All, Robert Elliott Smith (2019)

The Emotion Machine: Commonsense Thinking, Artificial Intelligence, and the Future of the Human Mind, Marvin Minsky (2007)

AI: Its Nature and Future, Margaret A. Boden (2016)